MERCEDES-BENZ Automobile

Heribert Hofner

MERCEDES-BENZ Automobile

Band 2

Vom Nürburg zum 540K (1929 - 1943)

HEEL

HEEL-Verlag GmbH
Hauptstraße 354
53639 Königswinter
Tel.: 0 22 23/ 2 30 26
Fax: 0 22 23/ 2 30 28

Fotos: Automobil Chronik, Daimler-Benz AG, Alain Dollfus, Vaclav Petrik, Hans Pollak, Friedrich Riepelmeier, Heiner Rössler, Archiv des Verfassers. Die Farbbilder stellten zur Verfügung: Automobile Quarterly Publications, Wieslaw Fusaro, Heribert Hofner, Reinhard Lintelmann, Kurt Maier, Josef Reinhard, Bodo Schieren, Nicky Wright.

Redaktion: Halwart Schrader

Druck: PDC, Paderborn
Printed in Germany

ISBN 3-89365-349-X

Inhaltsverzeichnis

Damals wie heute Symbol der Perfektion: Kühlerverschraubungen mit dem Mercedes-Stern, frisch aus der Galvanisierabteilung.

Vorwort

Nur wenige Automobilmarken erfreuen sich unter Sammlern und Kennern einer solch hohen Wertschätzung wie das Fabrikat Daimler-Benz. Von der alle Kontinente umfassenden, passionierten Mercedes-Bewegung innerhalb des Veteranenhobbys zeugen unzählige Clubs, Fahrzeug-Sammlungen und Veranstaltungen, die sich die Produkte der ältesten Automobilfabrik der Welt zur alleinigen Thematik erkoren haben. Verkörpert doch die Daimler-Benz AG, die aus der Cannstätter Daimler Motoren-Gesellschaft und der Rheinischen Gasmotorenfabrik Benz & Cie in Mannheim erwuchs, unbestritten die Geburtsstätte des Kraftwagens.

Keine zweite Automarke vermochte durch alle Epochen hindurch auf Renn- und Rallyestrecken so viele sportliche Ehren zuerkannt bekommen und gleichzeitig stets grundsolide, alltagspraktische, überdurchschnittlich gut verarbeitete und zuverlässige Wagen zu bauen. Die technische Noblesse, die Gesamtqualität, der sportliche Ruhm begründeten seit jeher das besondere Image des Hauses. Und dieses Charakterbild festigte sich vor allem in den dreißiger Jahren.

Freilich kann die Blüte der deutschen Automobilindustrie in den dreißiger Jahren heute nicht ohne Einbeziehung jener düsteren Aspekte gesehen werden, die das Dritte Reich mit sich brachte. Volksmotorisierung, Motorsport, Autobahnbau wurden unter politischen Gesichtspunkten propagiert und vorangetrieben. Wie die gesamte deutsche Wirtschaft konnte sich auch die Daimler-Benz AG weder dem Staatsdirigismus noch dem schmeichelndem Werben der Machthaber in Berlin entziehen. Daß höhere Parteikader ein bestimmtes Autofabrikat bevorzugten, kann man diesem schwerlich anlasten.

Die sprichwörtlichen Mercedes-Qualitäten führten in jüngster Zeit zu einer fast inflationären Preisentwicklung für klassische Exemplare aus den dreißiger Jahren. Vielleicht liegt das aber nicht nur im Mythos einer großen Marke begründet, sondern auch an der Knappheit des Angebots. Mercedes-Automobile der Zeit vor 1939 sind Raritäten. Trotz einer ansehnlichen Produktionsrate – der Marktanteil der Daimler-Benz-Personenwagen bewegte sich im Reich gegen Ende des Jahrzehnts zwischen 10 und 11 Prozent, wobei die Stuttgarter konstant den dritten Platz hinter Opel und DKW hielten – sorgte gerade im Falle Mercedes der Krieg für eine starke Dezimierung des Bestandes. Was an den Fronten nicht verschlissen wurde, durchlitt ein schweres Schicksal bei meist unzulänglichem Service mit »heimischen Treibstoffen« – Flaschengas, Holz- oder Torfgas, synthetischem Benzin. Was nach 1945 an interessanten Modellen, hauptsächlich Sport- und Kompressorwagen, noch übriggeblieben war, wurde beschlagnahmt und nach Ost oder West abtransportiert.

Der Inhalt dieses Buches beschränkt sich auf die Personenwagenmodelle jener dreißiger Jahre. Dabei wurde die Aufnahme von Typen, deren Bauzeit in das beschriebene Dezennium hineinreicht, die konstruktiv aber in die zwanziger Jahre zurückdatieren, verzichtet; hierzu gehören zum Beispiel der Stuttgart 260 oder die erste Version des Nürburg. Sie finden im Band 1 dieser Reihe ihren Platz.

Prototypen und Versuchsmuster – letztere wurden des öfteren in durchaus relevanten Kleinserien gefertigt – fanden ihre Aufnahme in dieses Buch, soweit sie Serienreife erreicht hatten oder gar als unmittelbare Vorläufer eines Serienmodells anzusehen sind. Die Baumuster W 129 II (580 K) und W 157 (600 K) wären beispielsweise in den frühen vierziger Jahren in Serie gegangen, wenn nicht Ausbruch und Ausweitung des Zweiten Weltkriegs ihre Existenz ad absurdum geführt hätte.

Die vom Reichsverband der Deutschen Automobilindustrie und dem Konstruktionsbüro Dr.-Ing. e. h. F. Porsche GmbH bei Daimler-Benz in Auftrag gegebene und 1937 in Untertürkheim gefertigte Volkswagen-Vorserie »VW 30« (interne Daimler-Benz-Baumusterbezeichnung V 60 in Anlehnung an die Porsche-Entwicklungsnummer 60) von dreißig Exemplaren des Urkäfers muß unberücksichtigt bleiben, da sie den Rahmen dieses Bandes sprengen würde. Interessanterweise wird der V 60 übrigens in sämtlichen Produktionsunterlagen des Untertürkheimer Werks als 1,3-Liter-Wagen ausgewiesen, während die Geschichtsschreibung dem VW 30 (zu Recht) von jeher einen Hubraum von 996 ccm zumißt.

Militärfahrzeuge fanden nur dann Erwähnung, wenn sie sich konstruktiv eng an die zivile Serienproduktion anlehnten, wie dies beispielsweise bei den Kübelsitzern der Baureihen 290 oder 170 V der Fall war. Eigenständige Entwicklungen auf dem Heeressektor wurden nicht aufgeführt, zumal für diese Spezies bereits ausgezeichnete Publikationen bestehen.

Ohne die Mithilfe von Freunden und Bekannten »aus der Szene« wäre dieses Buch kaum zustandegekommen. Allen voran gilt mein Dank Halwart Schrader, der mir auch bei diesem Band in jeder Hinsicht eine wertvolle Stütze war. Dr. Otto Nübel und Rainer Karnowski von der Abteilung AGM der Daimler-Benz AG machten mir das Firmenarchiv zugänglich, bewiesen sehr viel Geduld und hatten auch für Sonderwünsche stets ein offenes Ohr. Bedanken möchte ich mich weiterhin bei den Herren Winfried A. Seidel und Ernst Dieter Beeh vom Mercedes-Veteranen-Club von Deutschland e. V., bei Jodok Krumbacher vom DAVC und bei meinen Clubkameraden Manfred Bossard, Franz Meier, Ulrich Signer sowie Helmut Staub vom Schweizer Mercedes-Veteranen-Club, die mich besonders bei der Erstellung von Farbaufnahmen unterstützten.

Heribert Hofner

Der Mannheim war ein Relikt aus der Vintage-Ära, dennoch ein solides, langlebiges Qualitätsfahrzeug, das seinerzeit zur Mittelklasse zählte:

Mercedes-Benz Mannheim 370

Die Absatzlage der mittelgroßen Mercedes-Benz-Personenwagen gab in der zweiten Hälfte der zwanziger Jahre nicht unbedingt zum Jubeln Anlaß.

Ferdinand Porsche, von Frühjahr 1923 bis Herbst 1928 technischer Spiritus rector des Untertürkheimer Werkes, hatte mit dem unmittelbar nach der Fusion in Produktion genommenen und unter den Bezeichnungen 300, dann 320 und schließlich 350 verkauften Modell nicht gerade einen Volltreffer erzielt. Die leer bis zu zwei Tonnen wiegenden Wagen waren mit 55 bzw. 60 PS hoffnungslos untermotorisiert. Sie wirkten unorganisch und unausgeglichen – nach Meinung der Fachpresse waren sie »weder Fisch noch Fleisch«, weder Benz noch Daimler. Der nach Preis, Größe und Hubraum vergleichbare Horch 8 war deutlich leistungsfähiger und lief als modern konzipierter Reihenachtzylinder geschmeidiger und völlig vibrationsfrei. Paradoxerweise war der Doppelnockenwellen-Motor des Horch von Baurat Paul Daimler, einem Sohn Gottlieb Daimlers und Ferdinand Porsches direkter Vorgänger in der technischen Leitung der DMG, konzipiert worden. Die Charakteristik des Horch drückte sich in den gegenüber dem Mercedes Mannheim doppelt so hohen Verkaufszahlen des sächsischen Konkurrenten aus, auch wenn es mit den Fahrwerksqualitäten des Zwickauers etwas haperte.

Die Chance einer Wende bestand, als im Oktober 1928 Hans Nibel, seit 1917 Vorstandsmitglied (zunächst bei Benz & Cie., dann bei Daimler-Benz), Leiter des Mannheimer Werks und Vater des Blitzen-Benz von 1908, die Nachfolge Porsches antrat. In seiner Eigenschaft als neuer Chefkonstrukteur widmete er sich bald dem Typ 350.

Unter dem werksinternen Wagen-Code W 10 entstand ein wesentlich leichteres – Gewichtsabnahme je nach Aufbau 250 bis 300 Kilogramm!

Oben: 370 Pulman-Limousine in ihrer letzten Ausführung von 1933/34. Die Gußstahl-Speichenräder, Relikte aus einer vergangenen Epoche, harmonierten nur bedingt mit der Karosserie.

Links: Mannheim 370 Cabriolet D 1930.

Gegenüberliegende Seite: Mannheim 370 Pullman-Limousine 1929.

– und vor allem geräumigeres Fahrzeug. Der Motor blieb jedoch fast unverändert; das Vierganggetriebe wich einer Ausführung mit nur drei Stufen. Von einer leistungsmäßigen Aktualisierung konnte nur bedingt die Rede sein. Kein Wunder also, daß dieser Mannheim II, wie er im Werk genannt wurde, nach kaum einem Jahr und 65 gebauten Exemplaren – sozusagen als Interimmodell – einem deutlicher modifizierten Nachfolger weichen mußte, dem Mannheim 370.

Diesem wie sein Vorgänger als Baumuster W 10 ausgewiesenen Wagen wurde zunächst unter der Ägide von Hans Nibel eine kräftige Leistungsspritze verabreicht. Durch Aufbohren um 25 Millimeter wurde der Hubraum des seitengesteuerten Sechszylinder-Triebwerks der Type M 10 II bei gleichbleibendem Hub von 3444 auf 3663 ccm vergrößert. Zylinderblock und Kurbelgehäuse-Oberteil waren nach wie vor aus Grauguß gefertigt. Untergehäuse und Ölwanne – aus Leichtmetall hergestellt und zur besseren Ölkühlung verrippt – bildeten ein gemeinsames Bauteil. Die Kolben bestanden aus Nelson-Bohnalite, einer Magnesiumlegierung, und verfügten über schwimmend angeordnete Bolzen. Die Kolbenböden waren durch Schrägrippen versteift. Die aus Chromnickelstahl gefertigte Kurbelwelle lief in sie-

Mannheim 370 viersitziges Cabriolet D mit separatem Außenkoffer, 1930.

Stoßstangen galten seinerzeit als Sonderzubehör gegen Aufpreis.

ben Gleitlagern und besaß einen wirkungsvollen Schwingungsdämpfer.
Der Grauguß-Zylinderkopf hatte neue Brennräume erhalten. Das Verbrennungszentrum war in die Ventilkammern verlagert worden – eine Maßnahme, die der erhöhten Leistungsausbeute bei weicherem Verbrennungsablauf diente. Die zwölf auf der rechten Seite des Motorblocks stehend angeordneten Ventile waren untereinander baugleich und wurden durch Plattenstößel betätigt. Die Nockenwelle wurde durch schrägverzahnte Stirnräder angetrieben.
Der Vergaser war zunächst – wie beim Vorgängermodell – ein Zenith des Typs HK/TD in Horizontalanordnung. Im Laufe der Serie fand dann auch der Solex 40 MOHRT Verwendung. Beide Instrumente waren mit Startvorrichtung und Wema-Luftfilter versehen. Das aufbereitete Gemisch wurde von der linken Triebwerksseite quer durch den Zylinderblock angesaugt. Dadurch waren Vergaser und Ventilkammer jeweils gut zugänglich. Zudem wurde durch diese Anordnung eine Vorwärmung des Gemisches durch das Kühlwasser erreicht. Im Vordergrund dürfte aber für den Schöpfer der Mannheim-Maschine – auch der Motor des 370 fußte noch auf Porsches Bauprinzip – die glattflächige Schönheit des Triebwerkes gestanden haben, denn die langen Saugwege waren kein Rezept für Startfreudigkeit. Die Kraftstofförderung aus dem im Heck befindlichen 70-Liter-Tank erfolgte nicht mehr – wie beim 350 – durch Unterdruck, sondern durch eine Brennstoffpumpe.
Mit ihrer 12-Volt-Elektrik hatten sich die Mercedes-Personenwagen von jeher recht fortschrittlich gezeigt. Der Zündverteiler der 1929 eingeführten Batteriezündung wurde von der Nockenwelle getrieben. Die Zündzeitpunktverstellung erfolgte durch einen Fliehkraftregler. Die Lichtanlage wurde von einem 90-Watt-Dynamo versorgt.
Der Ölkreislauf der Druckschmierung arbeitete mit acht Liter Schmier-

öl und verfügte über ein selbsttätiges Spaltfilter. Die Wasserkühlung erfolgte durch eine riemengetriebene Pumpe mit eingebautem Thermostat. Der Wabenkühler faßte bei allen Mannheim-Modellen 18 Liter.
Das Verdichtungsverhältnis war gegenüber dem Typ 350 auf 5,0:1 zurückgenommen worden, dennoch stieg durch die Vergrößerung des Hubvolumens und die geänderten Brennräume die Motorleistung auf 75 PS bei einer unveränderten Nenndrehzahl von 3200 U/min. 1933 wurde die Kompression wieder geringfügig auf 5,5:1 angehoben.
In Angleichung an den kleineren Typ Stuttgart wurde der Mannheim 370 nun mit einer Einscheiben-Trockenkupplung statt der vorher verwendeten Mehrscheibenkupplung ausgerüstet. Wie sein Vorgänger besaß der 370 ein Dreigang-Zahnradschubgetriebe, das nun allerdings etwas enger gestuft war. Auf Wunsch wurde ein halbautomatischer, durch Unterdruck über Klauen geschalteter Schongang geliefert, der mit 0,76:1 stark rückübersetzt war und vom Werk als Schnellgang, zuweilen auch als Spargang bezeichnet wurde. Die im direkten und im Schongang in Eingriff stehenden Zahnräder waren schrägverzahnt und liefen dadurch geräuscharm. Das Getriebe wurde durch eine in der Wagenmitte plazierte Kugelschaltung betätigt. Die Hinterachse war mit 5,66:1 kürzer als die des Vorläufers übersetzt, was sich positiv auf die Lebendigkeit des Wagens – allerdings auf Kosten einer höheren Endgeschwindigkeit – auswirkte. Falls das Fahrzeug mit dem Overdrive versehen war, gelangte der 5,10:1 übersetzte Achsantrieb des Mannheim 350 zum Einbau.
Bei Fahrgestell und Fahrwerk war nichts Außergewöhnliches oder gar Avantgardistisches zu konstatieren. Ein kräftig ausgebildeter Preßstahlrahmen mit U-Profil verkörperte typische Daimler-Benz-Manier. Nach wie vor wurde der Mannheim mit den bald recht antiquiert wirkenden 20-Zoll-Hering-Stahlspeichenrädern mit Tiefbettfelge geliefert. Die Niederdruckreifen waren mit der Dimension 6.00–20 voluminöser geworden. Ab 1931 war der 370 auch mit 18-Zoll-Drahtspeichenrädern erhältlich; die ebenso solide wie die Wagen geartete Kundschaft gab aber mit wenigen Ausnahmen den Artillerierädern den Vorzug.
Bemerkenswert waren die Bremsen des 370: Während die in der Grundausrüstung enthaltenen Seilzugbremsen mit mechanischem Selbstverstärkungseffekt außer ihrer überdurchschnittlichen Wirksamkeit nichts Absonderliches darstellten, war auf Wunsch ein Servoaggregat lieferbar, das die Robert Bosch AG nach den Reichspatenten 415 352 und 446 750 des belgischen Ingenieurs Albert Dewandre herstellte.
Eine interessante Lösung hatte Daimler-Benz bei der Chassisschmierung realisiert: Die automatische Zentralschmierung war an den Ölkreislauf des Motors angeschlossen und maß jedem Servicepunkt am Fahrgestell in zeitlich genau bemessenen Abständen unter Druck eine programmierte Menge Motorenöl zu.
Das werksseitige Lieferprogramm für den Mannheim 370 mit dem Normalradstand von 3200 Millimeter umfaßte vier verschiedene Aufbauten: Pullman-Limousine, viersitziger Tourenwagen, sechssitziger Tourenwagen und Cabriolet D. Eine viersitzige Limousine – im Rahmen der Regermanisierung »Innenlenker« genannt – wurde mangels Bedarf bald wieder aus dem Angebot genommen. Ab 1931 ereilte den viersitzigen Tourer das gleiche Schicksal – die Epoche der Phaetons neigte sich ihrem Ende entgegen.
Im großen und ganzen blieb das Styling im Vergleich zum Typ 350 unverändert. Das Gesicht des Wagens wurde von einem Flachkühler bestimmt – offensichtlich einem Relikt aus der Mannheimer Benz-Schule. Doppelte Stoßstangen und eine gerade Lampenstange (während der ersten anderthalb Baujahre war dieser Bügel noch wie bei den Vorgängern gewölbt ausgeführt) betonten die Horizontale. Dieser Kunstgriff sollte wohl die immer noch recht hoch bauenden Mannheim-Wagen flacher erscheinen lassen. In allen Abmessungen entsprach der 370 etwa dem Horch 8. Die Aufbauten konnten trotz der Verwandtschaft zum 260 für die Preisklasse als ausreichend geräumig bezeichnet werden, wenn auch ein zeitgenössischer Fachkritiker den Karosserien angesichts des langen Radstandes zwar sportiven Charakter zumaß, ihnen jedoch die höchste formale Vollendung absprach.
Die Beleuchtungseinrichtung des Mannheim 370 umfaßte die beiden mit Biluxbirnen versehenen Hauptscheinwerfer, die durch einen Kontaktring am Lenkrad abgeblendet wurden, einen am linken Windschutzscheibenpfosten angebrachten Suchscheinwerfer, zwei Klappwinker sowie jeweils eine Schlußleuchte und ein Bremslicht, deren paarweise Montage erst ab 1937 Vorschrift wurde. Die Verarbeitung der in Holz-Stahlblech-Gemischtbauweise gefertigten Karosserien wurde schon damals mit der sprichwörtlichen Vokabel »Mercedes-Benz-Standard« belegt. Die gediegene Bauweise fand allerdings im Wagengewicht ihren Niederschlag: Auch nach der Abspeck-Aktion brachte der Mannheim selbst als Tourer noch stolze 1680 Kilogramm auf die Waage.
Trotz der um 25 Prozent erhöhten Motorleistung vermochte sich die Höchstgeschwindigkeit nur von 100 auf 105 Stundenkilometer aufzuschwingen, woran die kürzere Antriebsübersetzung sicher nicht unbeteiligt war. Mit dem das Übersetzungsverhältnis stark reduzierenden Schnellgang waren indessen laut einem zeitgenössischen Prüfungsbericht 115 km/h erreichbar. Die Beschleunigung von 10 auf 60 km/h im direkten Gang (eigentlich mehr eine Elastizitätsmessung, die heute gewissermaßen standardisierten »Null bis hundert« lagen noch in weiter Ferne) lag bei 14 Sekunden. Damit gab sich der Mannheim

temperamentvoller als die meisten deutschen Klassenkameraden und brauchte sich nur Wagen akzentuiert sportlicher Auslegung oder von Detroiter Produkten geschlagen zu geben. Ebenso war der von 30 km/h bis zum Stillstand gemessene Bremsweg – eine Prüfungsaufgabe, die heute drollig anmutet – von fünf Metern ein Wert, der den Mannheim in die Spitzengruppe einreihte. Der Kraftstoffverbrauch, der in damaligen Tests durchaus nicht immer ermittelt wurde, lag beim Mannheim 370 bei durchschnittlich 20 Liter für 100 Kilometer Fahrstrecke.
Daß der Mannheim 370 in der oberen Mittelklasse (nach seinerzeitiger Klassifikation) angesiedelt war, wurde auch im Kaufpreis transparent: Während selbst der achtzylindrige Horch 400 als Limousine noch unter der 9000-Reichsmark-Grenze blieb, mußten für einen Mannheim-Tourer 11 500 Mark, für die Pullman-Limousine 12 900 und für das Cabriolet D 15 000 Mark aufgewandt werden. Diese Preise wurden allerdings im Jahre 1931 auf jeweils 12 500, 10 800 und 13 500 Mark teilweise drastisch gesenkt.
Nicht nur die inländische Konkurrenz wirkte sich auf den Verkauf des 370 hemmend aus – anfangs der dreißiger Jahre wurde der deutsche Automobilmarkt noch immer mit amerikanischen Wagen überflutet, die mit ihren Dumpingpreisen bei ausgeprägtem Leistungsvermögen, reichhaltiger Ausstattung und modernem Styling attraktiv wirken mußten. Beispielsweise wurde der Chevrolet Independence, der in seinem Heimatland die Rolle eines ausgesprochenen Volksautomobils spielte, im Reich aber mit seinem obengesteuerten 3,2-Liter-Sechszylindermotor durchaus zur gehobenen Klasse zählte, als vier-

Modell	Mannheim 370 (W 10)	Mannheim 370 K (WK 10)	Mannheim 370 S (WS 10)
Produktionszeit	Oktober 1929 – März 1934	Februar 1931 – Februar 1933	Februar 1931 – Februar 1933
Motor	Reihen-Sechszylinder M 10 II	Reihen-Sechszylinder M 10 II	Reihen-Sechszylinder MS 10
Bohrung/Hub/ccm	82,5 × 115, 3663 ccm	82,5 × 115, 3663 ccm	
Verdichtung	5,0, ab 1933 5,5:1	5,0, ab 1933 5,5:1	5,5:1
Leistung	75 PS bei 3200 U/min	75 PS bei 3200 U/min	78 PS bei 3200 U/min
Ventile, Steuerung	sv, 1 seitliche Nockenwelle	sv, 1 seitliche Nockenwelle	
Schmierung	Druckumlauf	Druckumlauf	
Kühlung	Wasser, Pumpe	Wasser, Pumpe	
Vergaser	1 Horizontalvergaser Zenith 36 HK 39 oder 39 HK Mod. TD oder Solex 40 MOHRT		2 × Solex 35 MOHLT oder 3 × 35 BFLH
Elektrik	12 Volt 60 Ah	12 Volt 60 Ah	
Kupplung	Einscheiben-Trockenkupplung	Einscheiben-Trockenkupplung	
Getriebe	3-Gang, a. W. Schnellgang	4-Gang mit Schnellgang	4-Gang mit Schnellgang
Lenkung	Schraubenspindel	Schraubenspindel	
Fußbremse	mechanisch, Trommel/Vierrad, Bosch-Dewandre Saugluft-Servo		
Handbremse	mechanisch, Hinterräder	mechanisch, Hinterräder	
Chassis	Preßstahlrahmen mit U-Profil	Preßstahlrahmen mit U-Profil	Preßstahl-Niederrahmen, U-Profil
Radstand; Spur v/h	3200, 1420/1420 mm	3025, 1420/1420 mm	2805, 1445/1465 mm
Gesamtabmessungen	4900 × 1710 × 1780 mm	4650 × 1740 × 1780 mm	4320 (4480) × 1730 × 1480
Bereifung	6.00 – 20, ab 1931 auch 6.00 – 18	5.50 – 20 o. 6.00 – 20	5.50 – 20 oder 5.50 – 18
Tankinhalt	70 Liter	70 Liter	70 Liter
Leergewicht	1680 kg (Tourer), 1760 kg (Pullman-Lim.)	1575 kg	1550 kg (Cabriolet), 1500 kg (Roadster)
Höchstgeschwindigkeit	105 km/h, m. Schnellgang 115 km/h	120 km/h	130 km/h
Stückzahlen	1227	213	183
Preise	Pullman-Limousine 1929 RM 12 900 Off. Tourenwagen 4S 1929 RM 11 000 Cabriolet D 1929 RM 15 000 Cabriolet D 1931 RM 13 500	Cabriolet NC RM 13 500	Sport-Roadster RM 10 800 Sport-Cabriolet RM 11 800

türige Limousine für 5500 Mark angeboten. Dabei war der Chevy trotz geringerer Außenmaße ebenso geräumig wie der Mannheim und fast gleichschnell. Ebenfalls sehr populär war der von Hudson vertriebene Essex Super Six, der bei geringerem Radstand geräumiger als der 370 war, diesen an Temperament übertraf und mit einem Preis von 6500 Mark (viertürige Limousine) in manche Kaufüberlegung einbezogen wurde.

Obwohl der Mannheim eine Menge hervorragender Eigenschaften aufwies, hatte er nicht das Zeug zu einem Bestseller – und war auch nicht dazu konzipiert, Verkaufsrekorde aufzustellen. Der 370 stellte gleichsam den Schwanengesang der an Modellen und Varianten gewiß nicht armen Mannheim-Reihe dar. Als im Frühjahr 1934 die Produktion nach fast sechsjähriger Bauzeit eingestellt wurde, hatten ganze 1227 Wagen dieses Typs die Mannheimer Werkshallen verlassen. Das Jahr 1930 verkörperte dabei mit 555 Einheiten den einsamen Höhepunkt des Verkaufs.

Gerade dieses Jahr 1930 sollte, um die Untertürkheimer Firmenpolitik in Zusammenschau mit den ökonomischen Gegebenheiten jener Notzeit sehen zu können, näher betrachtet werden. Nach dem New Yorker Börsenkrach am 24. Oktober 1929 strebte die weltweite Wirtschaftskrise 1930 ihrer Kulmination zu. Folgen dieser allgemeinen Depression waren eine horrende Massenarbeitslosigkeit und zahllose Konkurse, von denen auch die deutsche Automobilindustrie – unter anderem mußten bedeutende Firmen wie Brennabor und NAG im Laufe der Krise schließen – nicht ungeschoren blieb. Ende 1929 standen in Deutschland fast vierzigtausend unverkaufte Neuwagen bei Fabriken und Händlern.

1930 nahm diese Tendenz sprunghaft zu: Die Daimler-Benz AG verfügte über die umfangreichste Neuwagenhalde Deutschlands. Obwohl die Produktionskapazität nur zur Hälfte genutzt wurde, blieben 24 Prozent der Jahresproduktion (entsprechend 6800 Wagen) unverkauft. Die traditionelle werksseitige Rennsportbeteiligung mußte unter diesen Umständen aufgegeben werden. Dennoch standen die Zeichen in Untertürkheim noch nicht auf Sturm. Mercedes-Wagen besaßen einen Marktanteil von 9,21 Prozent, was einem fünften Platz in der Zulassungsstatistik des Reiches hinter den vornehmlich Kleinwagen produzierenden Firmen Opel, Hanomag, Adler und BMW gleichkam. Vom Umsatz her gesehen lag Daimler-Benz sogar in zweiter Position hinter Opel mit einem Wertanteil von 19,8 Prozent. Man vermochte das Geschäftsjahr allen Widrigkeiten zum Trotz noch mit einem Gewinn von 1,07 Millionen Mark abzuschließen. Erst 1931 schlug dann die Absatzkrise auch in Stuttgart stärker durch.

Einem Umsatz von 99 Millionen stand ein Verlust von 7,48 Millionen Mark gegenüber, der aus dem Reservefond gedeckt werden mußte.

Blick auf das Chassis des 370.

Flankierende Maßnahmen waren schnell getroffen: Die Produktion wurde rationalisiert, indem man den Pkw-Bau mit Ausnahme einiger Auslauftypen im Werk Untertürkheim zusammenlegte.

Mit einer im Fahrgestell verkürzten und einer besonders sportlich ausgelegten Version geriet der betagte Mannheim letztlich zu einem interessanten Wagen für Anspruchsvolle:

Mercedes-Benz Mannheim 370 K und 370 S

Der Mannheim zählte auch in seiner 3,7-Liter-Version – wenn auch nicht temperamentlos – keineswegs zur Crème schneller Reisewagen auf Deutschlands Straßen. So erschien es nur logisch, in üblicher Daimler-Benz-Manier eine leistungsbetontere Ausführung mit verkürztem Radstand auf den Markt zu bringen.

1931 wurde der 370 K – DBAG-Code: WK 10 – vorgestellt. Der Buchstabe »K« stand für »kurz«, wie auch beim SSK. Bereits gegen Ende des Jahres 1930 hatte eine Vorserie von dreißig Wagen, die eigentümlicherweise unter der Baumusterbezeichnung W 12 rangierten, das Werk verlassen.

Der im Gegensatz zum Stammvater in Untertürkheim gefertigte 370 K wies einen Radstand von 3025 Millimeter auf und war offiziell nur als zweitüriges, zweifenstriges Cabriolet NC mit vier Sitzen lieferbar, obwohl einige Fahrgestelle mit dem viertürigen Limousinenaufbau des Stuttgart 260 karossiert wurden. Für Typenforscher recht verwirrend!

Im technischen Aufbau entsprach der 370 K gänzlich dem Haupttyp, allerdings wurde er serienmäßig mit dem Schnellganggetriebe ausgerüstet. Die Linienführung des Aufbaus war in etwa mit der der Normalradstand-Version identisch. Da auch der hintere Karosserieüberhang reduziert worden war, stellte sich der um 25 Zentimeter kürzere 370 K kompakter als der 370 dar. Das Gewicht des hübschen, aber etwas zu gotisch-erhaben wirkenden Cabrios konnte gegenüber dem 370 Tourer um mehr als 100 Kilogramm gesenkt werden. Dadurch war im Schnellgang eine Höchstgeschwindigkeit von über 120 km/h möglich, wobei eine kürzere Antriebsübersetzung als beim Overdrive-370 (5,3 statt 5,1:1) für mehr Temperament sorgte.

Der Preis von 13 500 Mark war dem Charakter dieses Kleinserien-Produkts durchaus angemessen. Dennoch konnten bis zum Frühjahr

Oben: IAMA Berlin 1931, 370 K und S auf dem Daimler-Benz-Stand. Rechts oben: 370 K-Limousine. Rechts: 370 K Cabriolet C mit Drahtspeichenrädern 1932.

Gegenüberliegende Seite: Mannheim 370 K als viersitziges Cabriolet NC auf dem verkürztem Radstand, Jahrgang 1931.

Unten: 370 K Cabriolet Modell NC 1931.

1933, als der 370 K aus dem Fertigungsprogramm genommen wurde, nur 213 Exemplare abgesetzt werden.

Hans Nibels Mannschaft von Ingenieuren beließ es nicht beim 370 K, um dem Ruf nach erhöhter Sportlichkeit gerecht zu werden. Parallel zur Vorserie des 370 K entstand 1930 in Sindelfingen eine Sonderserie von zwölf Mannheim-Cabriolets, die eine radikale Variation des Grundthemas verkörperten. Diese Wagen, werksintern mit der Baumusterbezeichnung W 13 versehen, während die Kennziffer der Motoren M 10 III lautete, bildeten die Basis für eine kleine Serie legendär gewordener Sportwagen, die 1931 begann. Mit dem 370 S (S = Sonderausführung), Werkscode jetzt WS 10, war ein Fahrzeug entstanden, das sich vom normalen 370 formal wie technisch weitgehend abhob.

Der seitengesteuerte 3,7-Liter-Motor hatte durch eine Erhöhung des Verdichtungsverhältnisses von 5,0:1 auf 5,5:1 und eine Zweivergaser-

anlage – zwei Solex 35 MOHLT – eine milde Leistungsspritze erhalten. Diese Maßnahmen sollten drei Mehr-PS bei unveränderter Nenndrehzahl erzielt haben, jedoch dürfte die angegebene Leistung von 78 PS als dezentes Understatement zu werten sein.* Der 370 S wurde wie der 370 K in Serie mit dem Overdrive-Getriebe ausgerüstet, obwohl ursprünglich – davon zeugt der erste Verkaufsprospekt – wohl ein Maybach-»Doppelschnellgang« vorgesehen war: Der 370 S sollte über sechs Vorwärts- und zwei Rückwärtsgänge verfügen. Die Hinterachse war mit 4,90:1 recht langbeinig übersetzt. Auf Wunsch war auch ein kürzer ausgelegter Antrieb von 5,20:1, der vor allem in bergigem Gelände zum Tragen kam, lieferbar.

Das Chassis war umfassenden Modifikationen unterzogen worden. Es war als Niederrahmen ausgebildet; die Längsträger wiesen über den Achsen starke Kröpfungen auf, um eine tiefere Schwerpunktlage zu gewährleisten. Der Radstand war auf 2805 Millimeter verkürzt worden, die Starrachsen hatte man beibehalten. Die vorderen Halbfedern waren an den Rahmenflanken angelenkt. Die Vorderspur hatte eine Verbreiterung um 25, die hintere um 45 Millimeter erfahren. Die beim 370 S ausschließlich gelieferten Drahtspeichenräder waren mit Niederdruckreifen der Dimension 5.50–18 bestückt. Mit 1030 Kilogramm war das fahrbereite Chassis um 230 Kilogramm leichter als das Fahrgestell des Basistyps.

Sportlichstes Attribut des 370 S waren aber zweifellos die zweisitzigen Aufbauten, die als hinreißend schön bezeichnet werden mußten. Zwei Karosserievarianten standen zur Verfügung: ein Sportcabriolet mit großem Außenkoffer, seitlichem Ersatzrad, durchgehendem Trittbrett, Kurbelscheiben in den vorne angeschlagenen Türen und gepolstertem Verdeck sowie ein Sportroadster. Diese Version war um einiges kompromißloser auf Sportivität hin getrimmt: Die Windschutzscheibe war umklappbar, auf Trittbretter hatte man verzichtet. Das kurze, gewölbte Heck trug ein oder zwei Reserveräder. Ein leichtes Verdeck bildete den einzigen Wetterschutz. Beide Ausführungen stellten eine

Oben: 370 S Mannheim-Sport als Zweisitzer 1931. Darunter: 370 S Sport-Cabriolet 1931 – der an Rudolf Caracciola gelieferte Wagen mit der ASC-Plakette.

Rechts: Ein flottes 370 S Sport-Cabrio 1931 mit zeitgenössischem Dressman.

Ganz oben links und rechts, oben links: Mannheim 370 S Sport-Cabriolets. Oben rechts: 370 S – von Fernandez et Darrin in Paris für einen französischen Kunden hochelegant als zweisitziges Cabriolet eingekleidet.

Rechts: 370 S Roadster mit Spezialaufbau aus der Karosserie-Manufaktur Sindelfingen. Die Scheinwerfer sind noch nicht montiert, dadurch wird die rassige Linie des Wagens eher noch unterstrichen.

schnittige Physiognomie zur Schau. Der Kühler war niedriger gestaltet, seine Oberkante bildete fast eine Ebene mit der oberen Begrenzung der Scheinwerfer. In der Gesamthöhe unterschied sich der 370 S um dreißig Zentimeter vom 370 K!
Das Geheimnis des gelungenen Stylings lag in den Proportionen begründet: Die lange Motorhaube, die optisch die Hälfte der Wagenlänge in Anspruch nahm, die bis vor die Hinterachse zurückverlegte Sitzposition, die elegant geschweiften Vorderkotflügel und der Eindruck des Am-Boden-Klebens erinnerten heftig an den bärenstarken Boliden SS, der allerdings viermal so teuer war. Das dem 370 S verliehene Prädikat »kleiner SS« drängte sich förmlich auf.
Stellte der Mannheim Sport nun auch in seinem Leistungsverhalten ein verkleinertes Abbild des prominenten Kompressor-Sportwagens dar oder verkörperte er das »Schaf im Wolfspelz«, den *boy-racer* oder Boulevard-Sportwagen? Zeitgenössische Typentafeln nennen sehr unterschiedliche Geschwindigkeitsangaben für den 370 S – am realistischen erscheinen wohl 130 km/h. Das war gewiß kein aufsehenerregender Wert, aber selbst der magere Roadster wog noch anderthalb Tonnen. Außerdem war der 370 S keineswegs mit dem Hintergedanken des Sporteinsatzes konzipiert worden. Er war eben der Tourenwagen des ambitionierten Herrenfahrers. Damit lag er auf der gleichen Linie wie später der 190 SL oder der 230 SL. Übrigens fuhr Rudolf Caracciola einen 370 S als Zweitwagen.
Die Domäne des Mannheim Sport waren die vor dem Kriege recht

Ganz oben: Chassis des 370 K mit Hochrahmen, Hering-Stahlspeichenrädern und seitlicher Ersatzradbefestigung. Der Kühlwasser-Thermostat war 1931 durchaus keine Selbstverständlichkeit. Oben: Das seitengesteuerte Sechszylinder-Triebwerk des 370 K mit dem Schnellganggetriebe.

Rechte Seite oben: Fahrgestell des 370 S mit dem Zweivergasermotor. Rechts: Dienstreise anno 1933 – ein Ministerialrat mit einem 370 S in der letzten Ausführung auf der Autostrada Mailand – Turin.

populären Schönheitswettbewerbe, wie sie jährlich in mondänen Badeorten und Seebädern von Baden-Baden bis Swinemünde stattfanden. Im Jahre 1931 errang der 370 S zwanzig erste Preise im Concours d'Elégance. Das soll aber nicht bedeuten, daß sich dieser Sportwagen nicht auch in »harten« Konkurrenzen tapfer geschlagen hätte. Bei der 10 000-Kilometer-Fahrt 1931 errang der 370 S zwei Goldmedaillen, bei der Internationalen Alpenfahrt fuhr er zum Gesamtsieg und war Gewinner des Alpenpokals. Im gleichen Jahr absolvierte Hans Stuck auf dem 370 S sein Mercedes-Debüt bei der Zuverlässigkeitsfahrt des Berliner Tagblattes, wo er den zweiten Platz belegte. Dagegen landete der Fachjournalist und passionierte Mannheim-Fahrer Siegfried Doerschlag bei der Rallye Monte Carlo nur im Mittelfeld. Auch 1932 konnte der Mannheim Sport einige Erfolge für sich verbuchen, so bei der Alpenfahrt und bei der Winterfahrt Garmisch-Partenkirchen. Noch 1934 wurde ein privat eingesetzter 370 S bei einem Weinheimer Bergrennen Gesamtsieger.

Bei allem sportlichen Flair konnte auch der Preis des in Kleinserie gebauten 370 S als fast sensationell bezeichnet werden: Das Cabriolet kostete 11 800 Mark und der Roadster gar nur 10 800 Mark. 1932 wurden die Preise um jeweils 1000 Mark erhöht. Dabei ist es verwunderlich, daß bis zur Einstellung der Fertigung im zeitigen Frühjahr 1933 nur 183 Wagen dieses Typs – in erster Linie Cabriolets – gebaut wurden. Offensichtlich bestand kein allzugroßer Bedarf an derartigen Luxusgeschöpfen . . .

Distinguiertes ließ sich auch mit betagter Technik gut verkaufen. Schließlich stand die Herausforderung durch den Horch Achtzylinder im Raum:

Mercedes-Benz Nürburg 500 und 500 N

Drei Jahre lang verkörperte der Nürburg das Spitzenmodell unter den großen Reisewagen der Daimler-Benz AG, bis ihm Ende 1930 mit dem Mercedes 770 ein neues Superlativ den Rang ablief. Der Nürburg galt stets als das typische Direktions- und Repräsentationsfahrzeug, das vorzugsweise mit Chauffeur gefahren wurde. Auch der Heilige Stuhl, der stets eine Affinität zum Fabrikat Mercedes-Benz offenbarte, war per Nürburg motorisiert: Für Papst Pius XI. wurde im November 1930 ein schwarz-roter 460 Pullman in Sonderausführung ausgeliefert.
Wie der Mannheim war er eine Porsche-Konstruktion, die schon kurz nach ihrer Vorstellung im Jahre 1928 nicht mehr taufrisch wirkte. Wir erinnern uns: Baurat Paul Daimler konnte seine Konzeption von einem Achtzylinder-Mercedes nicht in seiner familiär angestammten Firma verwirklichen und entwickelte sein Ideal deshalb bei Horch in Zwikkau, wo im Herbst 1926 mit dem 12/60 PS Deutschlands erster Serien-Achter erschien. In Stuttgart konnte man freilich erst 1928 mit dem technisch wesentlich anspruchsloser gestalteten Nürburg 18/80 PS Paroli in der Achtzylinderklasse bieten, obwohl Ferdinand Porsche eine konstruktive *tour de force* vollzogen hatte. Dabei war der Nürburg allerdings in einer deutlich höheren Preiskategorie als der Horch 8 angesiedelt, der preislich eher ein Konkurrent zum Mannheim war. Da nun der achtzylindrige Sachse neben moderner Technik auch über ein angenehmes Äußeres verfügte, wurde für den Nürburg bereits im Jahr nach seinem Debüt – mittlerweile unter der Leitung von Hans Nibel – ein Übergang zur Niederrahmen-Bauweise, verbunden mit einem Facelifting, notwendig, um den Verkaufserfolg zu bessern.
Im Jahre 1930 wurde die elegante Horch-8-Reihe durch eine Fünfliter-Version ergänzt, die als Pullman-Limousine fast 3000 Mark weniger als der Nürburg 460 kostete, mit einem 100-PS-ohc-Motor gute

Gegenüberliegende Seite: Der Nürburg als Pullman-Limousine, Modell 1935.

Oben: Ein Nürburg 500, den das Werk den Organisatoren eines regionalen Turnfestes zur Verfügung stellte. Das Foto wurde 1935 aufgenommen, der Wagen ist aber älter.

120 km/h lief und kaum weniger geräumig als das schwäbische Pendant war. So sah man sich in Untertürkheim zum Gegenzug gezwungen und reagierte mit einer Modellerweiterung: Im Frühjahr 1931 erschien der Nürburg 500.

Dabei handelte es sich keineswegs um eine Neuschöpfung. Wie schon beim 460, der übrigens bis 1933 parallel weitergebaut wurde, war das Triebwerk nach dem Baukastenprinzip konzipiert worden. Verkörperte der 4,6-Liter-Motor praktisch eine um zwei Zylinder erweiterte Mannheim-350-Maschine, so war der neue Fünfliter-Motor in den Zylinderabmessungen und im konstruktiven Aufbau mit dem Sechszylinder des Mannheim 370 identisch.

Nach wie vor verfügte der Nürburg über einen seitengesteuerten Motor, dessen Gesamtkonzeption nicht gerade den letzten Schrei der damaligen Triebwerkstechnik darstellte. Der Block bestand aus Grauguß, die verrippte Ölwanne wurde dagegen aus Leichtmetall gefertigt. Die Chromnickelstahl-Kurbelwelle war neunfach gelagert – der Horch-8-Motor hatte dagegen nur fünf Hauptlager zu bieten. Die zwangsläufig extrem langen Kurbelwellen der Reihenachtzylinder besaßen ihre spezifische Problematik: Diese Bauteile neigten zu starken Schwingungen, die den sprichwörtlich seidenweichen Lauf dieser Motoren stark beeinträchtigen konnten. Als die Kurbelwelle des Horch 8 ab 1932 zehnfach gelagert war, geriet der Nürburg in dieser Disziplin etwas ins Hintertreffen: Der sächsische Achtzylinder lief nun völlig vibrationsfrei, was nicht zuletzt auch durch eine verbesserte

Fertigungspräzision erreicht wurde, der Fünfliter-Motor aus Stuttgart bot indessen nicht ganz diesen Grad an Kultiviertheit.
Für die Gemischaufbereitung sorgte beim Nürburg 500 ein Solex-Steigstrom-Doppelvergaser der Type 35 MMOV. Der Kraftstoff wurde aus dem im Heck angeordneten und mit 90 Litern Fassungsvermögen nicht unbedingt großzügig bemessenen Tank per mechanischer Membranpumpe gefördert. Der Nürburg war der erste Daimler-Benz-Personenwagen, bei dem diese Bauart das nicht immer zuverlässige, mit Unterdruck arbeitende Autovac-System abgelöst hatte.
Die Leistung der Fünfliter-Maschine belief sich auf 100 PS, die bei bescheidenen 3100 U/min abgegeben wurden. Der 4,6-Liter-Motor leistete vergleichsweise 80 PS, für die noch eine Tourenzahl von 3400 U/min nötig war. An der PS-Zahl des 500 änderte sich auch dann nichts, als 1932 die Verdichtung von 5,0:1 auf 5,75:1 angehoben wurde. Wie langlebig die Nürburg-Motoren ausgelegt waren, beweist die spezifische Leistung: Mit knapp 20 PS pro Liter Hubraum war der große Achtzylinder genausowenig belastet wie etwa ein BMW-3/15-Triebwerk oder ein Einliter-Opel-Motor. Dem Verfasser war ein – inzwischen wahrscheinlich verblichener – Nürburg 500 bekannt, der es als Direktionsfahrzeug beim Erstbesitzer ohne die geringste Störung oder Überholung auf 120 000 Kilometer brachte – ein vor fast fünfzig Jahren durchaus nicht selbstverständlicher Wert, zumal es nicht überall Autobahnen gab. Bezeichnend für die Passungstoleranzen jener Jahre war allerdings die Tatsache, daß der beschriebene Nürburg im fortgeschrittenen Alter je nach Einsatzart 12 bis 17 Liter Motorenöl auf 1000 Kilometer Fahrstrecke zu sich nahm – ganz im Gegensatz zur Werkangabe (8 Liter auf 1000 Kilometer). Der Kraftstoffverbrauch jenes Wagens ließ sich dagegen mit 21 bis 28 Liter für 100 Kilometer eher mit dem vom Werk genannten Wert von 22 bis 24 Liter in Einklang bringen.
Die Kraftübertragung erfolgte über eine Einscheiben-Trockenkupplung und ein nicht synchronisiertes, aber geräuscharmes Vierganggetriebe mit Leichtmetallgehäuse und integriertem Schnellgang nach Bauart Maybach. Während der vierte Gang als direkte Übertragung fungierte, war der Schnellgang im Verhältnis 1:0,70 untersetzt. Diese zusätzliche fünfte Schaltstufe ließ sich durch einen kleinen Schalter in der Lenkradnabe vorwählen und durch Zurücknehmen des Gaspedals einlegen. Den eigentlichen Schaltvorgang, der sich dank schrägverzahnter Getrieberäder völlig geräuschlos abspielte, bewirkte der im Ansaugkrümmer herrschende Unterdruck. Ein Betätigen der Kupplung erübrigte sich. Der Gangwechsel vollzog sich fast unmerklich, ohne Erschütterung. Nach dem gleichen Schema lief das Zurückschalten in den direkten Fahrgang ab. Bei konstanter Vergleichsgeschwindigkeit konnte die Motordrehzahl im Overdrive um 30 Prozent gegenüber dem vierten Gang reduziert werden. Die Antriebsübersetzung der Hinterachse wies eine Relation von 5,77:1 auf – war also ziemlich kurz ausgelegt, was dem Temperament des schweren Wagens zugute kam. Dank dem Schnellganggetriebe konnte man sich eine derart starke Untersetzung leisten.
Ein im U-Profil gepreßter Niederrahmen konventioneller Bauweise bildete das Rückgrat des Nürburg 500. Trotz der offenen Längsträger war der Rahmen kräftig genug konstituiert, um dem langen Wagen auch bei schwierigen Fahrbahnverhältnissen eine verwindungsfreie Basis zu gewähren. Die in Gewicht und Ausmaßen in etwa ebenbürti-

Gegenüberliegende Seite links: Die Filmschauspielerin Lilian Harvey mit ihrem in Österreich zugelassenen Nürburg 500 im Jahre 1931. Gegenüberliegende Seite rechts: 1932 übernahm Rose Barsony, ebenfalls ein bekannter Filmstar, diesen Mercedes Nürburg 500 in der Kölner Werksniederlassung der Daimler-Benz AG.

Rechts: Der König von Bulgarien auf dem Weg zu seinem Nürburg 500.

gen Horch-Modelle schnitten in dieser Disziplin nicht so günstig ab! Die Fahrwerkstechnik des Nürburg entsprach beim Erscheinen dieses Typs dem allgemeinen konstruktiven Standard der ausgehenden zwanziger Jahre. Auch bei der Fünfliter-Version änderte sich nichts: Die starre Hinterachse war in Underslung-Halbfedern aufgehängt, die Vorderachse als starre Faustachse ausgebildet. Diese reichlich primitive, von der Pferdekutsche noch nicht sehr weit entfernte Bauweise sollte sich als Anachronismus noch bis zum Ende der Nürburg-Genealogie fortsetzen. Die Lenkung war – wie in jener Epoche bei Daimler-Benz üblich – in der Schraubenspindel-Bauart ausgeführt und wurde in zeitgenössischen Prüfungsberichten als sehr leichtgängig und exakt gerühmt. Die Ausmaße des Wagens seien am Steuer kaum zu empfinden, schrieb Ernest Friedlaender 1932 im *Auto-Testbuch*. Aus eigener (heutiger) Erfahrung kann der Verfasser diese Behauptung allerdings nicht unterstreichen. Der Nürburg 500 verfügte wohl über eine sehr direkte Lenkung, aber zu deren Bedienung war eine ausgeprägt athletische Muskulatur notwendig. Der Wendekreisdurchmesser war mit 14,8 Meter der Größe des Wagens angemessen und würde auch heute noch einen akzeptablen Wert darstellen. Die Chassisschmierung erfolgte wie beim Mannheim über einen an den Ölkreislauf des Motors angeschlossenen, automatischen Zentralöler. Die Räder des Nürburg waren – selbst als alle übrigen Mercedes-Per-

Ganz oben: Nürburg 500 im März 1934. Darunter: Nürburg 500 als von Gläser karossiertes Cabriolet F. Der restaurierte Wagen befindet sich im Besitz eines Osnabrücker Liebhabers. Baujahr: 1932.

sonenwagen Scheiben- oder Drahtspeichenräder besaßen – noch in Holzspeichen-Bauweise ausgeführt und wurden in der werkseigenen Stellmacherei gefertigt. Ihre Befestigung erfolgte mit gewaltigen Rudge-Zentralverschlüssen. Ab 1933 waren zwischen den Holzspeichen pro Rad sechs verstellbare Auswuchtgewichte angeordnet, die die herkömmlichen im Felgenhorn aufgeklemmten Bleigewichte ersetzten. Dieses eigentümliche Arrangement war fortan bei allen großen Mercedes-Personenwagen bis zum Kriegsbeginn zu finden. Auf Sonderwunsch waren – wohl im Hinblick auf den Export – auch Drahtspeichenräder der Bauart Rudge-Whitworth lieferbar. Die Tiefbettfelgen waren mit Niederdruckreifen der Dimension 6.50–20 bestückt.
Die mechanisch betätigten Bremsen erfuhren Unterstützung durch ein Bosch-Dewandre-Saugluft-Servogerät, erwiesen sich aber in der Praxis angesichts des beachtlichen Wagengewichts als unterdimensioniert und wenig effizient. Im heutigen Straßenverkehr muß ein Nürburg sehr konzentriert und vorausdenkend gefahren werden – was durchaus nicht für alle Sammlerwagen aus jener Zeit gilt. Der in einem Test ermittelte Bremsweg von 6,25 Meter aus einer Geschwindigkeit von 30 km/h lag seinerzeit um bis zu 45 Prozent höher als die vergleichbaren Werte aller Konkurrenzmodelle auf dem deutschen Markt und damit auf dem Niveau der in dieser Eigenschaft bekanntermaßen kritischen US-Personenwagen.
Für den Nürburg 500 wurde – im Gegensatz zum Vorgängermodell – eine umfangreiche Palette von Aufbauvarianten angeboten: Pullman-Limousine, siebensitziger Tourer, Cabriolet C (zweitürig, zweifenstrig), Cabriolet D (viertürig, vierfenstrig) und Cabriolet F (viertürig, sechsfenstrig). Für Sonderaufbauten nach individuellem Kundenwunsch konnte auch das betriebsfähige Fahrgestell separat geliefert werden. In Deutschland entstanden auf dem 500-Chassis bei den Karossiers Erdmann & Rossi, Baur, Reutter und Gläser distinguierte Cabriolets und Landauletts.
Die Werksaufbauten waren durchwegs elegant gezeichnet, das Styling von schlichter Noblesse geprägt. Amerikanische Einflüsse waren unverkennbar – eine Zeiterscheinung! Nachdem die Karosserien des Nürburg 460 bereits nach wenig mehr als einjähriger Produktionsdauer im Jahre 1929 stilistisch überarbeitet worden waren, erübrigte sich 1931 für den neuen Fünflitertyp neugeformtes Blech. Wie der 370 verfügte der Nürburg 500 über einen senkrecht stehenden Flachkühler typisch Mannheimer Schule, der den charakteristischen, schräggestellten Typenschriftzug trug und auf Wunsch mit einem verchromten Steinschlagschutz aus vertikalen Stäben versehen werden konnte. Das Gesicht des Wagens, das eine deutliche Familienähnlichkeit mit dem Mannheim 370 aufwies, wurde weiterhin durch die großen Bosch-Hauptscheinwerfer, die auf einer gewölbten Lampenstange sa-

ßen, und die doppelte Stoßstange, die zur Vermeidung kleiner Parkschäden mit Gummileisten besetzt war, beherrscht. Die langgestreckte Motorhaube, die gut zwei Fünftel der Wagenlänge einnahm, wies an ihren Seiten vertikale Entlüftungsschlitze auf. In beiden Vorderkotflügeln ruhten Ersatzräder, die auf Wunsch mit einer Segeltuchhülle oder mit einem Schutzgehäuse versehen werden konnten. Ab 1933 erhielten die vorderen Kotflügel – dem Zeitgeschmack entsprechend – seitliche Schürzen.
Die breiten, massiven Trittbretter mit verchromten, gummibesetzten Trittleisten galten ebenso als Attribute des Repräsentationswagens wie die reichliche *art deco* in Form von feinen Zierlinien, die man heute als *pin striping* bezeichnen würde.
Die 6- bis 7sitzige Pullman-Limousine war ganz nach dem traditionellen *upright styling* gestaltet: Den Kontrapunkt zur relativ niedrigen Motorhaube und Gürtellinie des Wagens stellten ein hoher Dachaufbau, eine senkrecht stehende Windschutzscheibe und beachtliche Fensterflächen dar. Der Geheime Kommerzienrat konnte an Bord seines Nürburg sehr wohl den Zylinder aufbehalten! Das Cabriolet F, auch als Pullman- oder Transformationscabriolet bezeichnet, verkörperte eine weitere streng formelle Aufbauvariante.
Die Trennscheibe im feststehenden Rahmen ließ eine teilweise Verdecköffnung im Stile eines Coupé de Ville zu. Mit fast sportlichem Flair behaftet war das Cabriolet C, das die Bezeichnung »St. Moritz« erhalten hatte. Mit geneigter Windschutzscheibe, niedrigem Verdeck, großem Außenkoffer und Zweifarbenlackierung stellte diese Version das elegante Fortbewegungsmittel des »Selbstfahrers« dar. Im Gegensatz zu diesem rassigen Wagen wirkte der offene Tourenwagen antiquiert. Die Aufbauform des Tourers erfreute sich nur mehr geringer Popularität und war vorwiegend für die höheren Chargen der Behörden gedacht, zumal diese Karosserie die preisgünstigste war. Alle Nürburg-Autos zeichneten sich durch ein erstklassiges Finish aus, das die Konkurrenten nicht zu erreichen vermochten.
Im März 1934 wurde der Nürburg einigen stilistischen Retuschen unterzogen. Der nun leicht schräggestellte Kühler erhielt im Einklang mit der restlichen Mercedes-Typenreihe eine flache Keilform und war an seiner Oberkante pointierter ausgeführt. Den Kühlerblock schützte ein feinmaschiges Metallgitter. Die Seitenschlitze der Motorhaube waren je sechs Lüftungsklappen gewichen, die vorderen Kotflügel hatte man weiter zur Stoßstange hinuntergezogen. Obwohl diese Veränderungen eigentlich bescheidener Natur waren, verliehen sie dem Wagen doch eine veränderte Physiognomie. Ob die modernisierte Kühlermaske unbedingt mit dem unveränderten Aufbau harmonierte, dessen Entstehung schließlich bis in die zwanziger Jahre hinein zurückreichte, sei dahingestellt.

Ganz oben: Mercedes Nürburg 500 als Pullman-Limousine Jahrgang 1932. Darunter: Typ 500 N als Pullman-Cabriolet F.

Interessanterweise fehlte fortan der Schriftzug »Nürburg« am Kühler, obwohl der Wagen auf Typenblättern und in werksseitigem Schrifttum weiterhin unter diesem Namen ausgewiesen wurde. Man strebte in Untertürkheim eine einheitliche Typisierung aller Mercedes-Modelle nach Bezifferungen an, die den Hubraum kennzeichneten.
Die Fachkritiker jener Tage konzedierten dem Nürburg 500 vorwiegend positive Eigenschaften. Obwohl der mit einem Radstand von 367 Zentimeter und einer Gesamtlänge von 538 Zentimeter riesige Starrachser nicht die Fahreigenschaften eines Sportzweisitzers bieten konnte und sollte, übertraf er doch seinen sächsischen Konkurrenten in puncto Straßenlage erheblich: Während dem Horch 8 eine ausgeprägte Neigung zum Schwimmen niemals abgewöhnt werden konnte, zeigte der Nürburg ein sicheres Fahrverhalten. Dabei brauchte auf Fahrkomfort nicht verzichtet zu werden. Die Abstimmung der Federung war so ausgelegt, daß der Wagenkörper von kurzen Stößen völlig verschont blieb. Erst bei welligen Straßen wurden die Grenzen des Nürburg-Fahrwerks offenkundig, wenn auch bei weitem nicht in dem Maße wie beim Horch. Ein naher Verwandter des Verfassers, der kurz vor dem Kriege sowohl einen 1932er Nürburg 500 als auch einen Horch 405 als gehobene (aber bereits stark veraltete) Behördendienstwagen zur Auswahl hatte, berichtete, daß er meist dem komfortablen Nürburg den Vorzug gab, da der Horch ihm längere Dienstreisen wegen permanenter Seekrankheit zur Qual werden ließ . . .
Angesichts seines hohen Eigengewichts konnte der Nürburg 500 keine Rakete sein. Er erreichte eine Spitzengeschwindigkeit von 115 km/h, eine Reisegeschwindigkeit zwischen 90 und 100 km/h lag durchaus im Bereich des Möglichen, ohne Chauffeur und Fahrgäste zu strapazieren. Die Stärke des Fünflitermotors war aber in der ungeheueren Elastizität zu suchen. Im direkten Gang konnte der Wagen bis auf 10 km/h herabgebremst und völlig ruckfrei wieder bis zur Höchstgeschwindigkeit beschleunigt werden. Im Temperament war der Nürburg allerdings dem Mannheim 370 unterlegen.
Der noble Reisewagen hatte natürlich im Motorsport keine hervorstechende Rolle zu spielen. Dennoch beteiligten sich Rudolf Caracciola und Otto Merz 1931 mit einem 500 an der Rallye Monte Carlo und belegten mit dem Schwergewichtler immerhin den 15. Rang im Gesamtklassement.
Der Nürburg 500 war in der zweithöchsten Preiskategorie angesiedelt. Bei seinem Erscheinen kostete die Pullman-Limousine 17 500 Mark. Preisgünstigste Version war der Tourenwagen mit 16 000 Mark, teuerste Ausführung das Cabriolet F mit 21 800 Mark. Selbst das bloße Chassis ohne Aufbau war mit einem Preis von 12 500 Mark nicht unbedingt preiswert zu nennen. Die vergleichbaren Horch-Modelle lagen im Preis um durchwegs 3000 Mark niedriger. Bei den einheimischen

Achtzylinder-Personenwagen jener Zeit war nur der Große Mercedes 770 teuerer, wobei freilich auch der exklusive Maybach W 6 zu erwähnen ist. 1935 wurden die Preise für die drei Nürburg-Cabriolets um jeweils 3000 Mark reduziert, die Pullman-Limousine wurde um 1600 Mark billiger.

Auf den Exportmärkten spielte der Nürburg 500 nur eine untergeordnete Rolle. Die Produktion, die sich auf durchschnittlich zwei bis drei Wagen in der Woche belief, wurde größtenteils im Reich abgesetzt. In England kostete die Pullman-Limousine 1195 Pfund und war damit um 50 Pfund teuerer als ein Rolls-Royce 20/25 hp. Ein vergleichbarer Packard kostete auf dem britischen Markt gar nur 795 Pfund.

Kein Wunder, daß der Preisrahmen den Wagen exklusiv hielt! Prominente Nürburg 500-Besitzer waren die Filmschauspielerin Lilian Harvey und der deutsche Ex-Kaiser Wilhelm II. Der Monarch erhielt 1934 auf Schloß Doorn in den Niederlanden einen marinegrauen 500 Pullman ausgeliefert, der in einem holländischen Automuseum erhalten blieb.

Ungeachtet seines Charakters als elitärer Repräsentationswagen diente der Nürburg als Versuchsträger für Dieselerprobungen. Nachdem bereits 1927 eine Limousine dieser Typenreihe mit einem ganze 27 PS leistenden Bosch-Acro-Vierzylinder-Dieselmotor ausgerüstet worden war, lief 1933 im Werk Gaggenau unter der Leitung von Herbert Schulteiss ein Nürburg mit einem Lkw-Dieselmotor des Baumusters OM 67 im Versuch. Dieses Aggregat leistete bei einem Hubraum von 7,4 Liter 95 PS. Einer adäquaten Motorisierung des Trägerfahrzeugs stand aber das hohe Eigengewicht des Motors von 650 Kilogramm entgegen. Dennoch wurden aus diesem Umbau Erkenntnisse gewonnen, die für die spätere Serienfertigung von Diesel-Personen-

Gegenüberliegende Seite oben: Nürburg 500 Tourer 1934 im Besitz eines Veteranen-Sammlers. Mitte: Nürburg 500 Cabriolet F 1932. Unten: Spezialaufbau von Castagna auf Nürburg 500.

Oben links: Nürburg 500 Cabrio C »St. Moritz«, Aufbau Sindelfingen 1932. Oben rechts: 500 N Cabriolet F 1939. Rechts: Nürburg 500 Pullman-Cabriolet von Baur, Stuttgart.

Oben: Heckansicht der Nürburg 500 Pullman-Limousine 1931.

Rechts: Nürburg 500 mit Sonderkarosserie von Gläser, Dresden.

Ganz oben: Chassis und Motor des Nürburg 500, Ausführung 1934. Oben: Die verrippte Ölwanne diente dem Wärmeaustausch zwischen Motoröl und Außenluft. Die starre Vorderachse, die der Nürburg bis zum Produktionsende 1939 beibehielt, galt bald als Anachronismus.

Modell	Nürburg 500 (W 08)	500 N (W 08/W 108)
Produktionszeit	März 1931 – Dezember 1935	Januar 1936 – Dezember 1939
Motor	Reihen-Achtzylinder M 08 II	R.-Achtzylinder M 08 III
Bohrung/Hub/ccm	82,5 × 115/4918 ccm	82,5 × 115/4918 ccm
Verdichtung	5,0, ab 1932 5,75:1	5,9 bis 6,4:1 nach Kraftst.
Leistung	100 PS bei 3100 U/min	110 PS bei 3500 U/min
Ventile, Steuerung	sv, 1 seitl. Nockenwelle	sv, 1 seitl. Nockenwelle
Schmierung	Druckumlauf	Druckumlauf
Kühlung	Wasser, Pumpe	Wasser, Pumpe
Vergaser	1 Doppel-Steigstrom Solex 35 MMOV	1 Doppel-Steigstrom Solex 35 MMOVS
Elektrik	12 Volt 75 Ah	12 Volt 75 Ah
Kupplung	Einscheiben-Trockenkupplung	Einscheiben-Trockenkupplung
Getriebe	5-Gang (m. Schnellgang)	4-Gang (m. Schnellg.), a. W. 5-Gang
Lenkung	Schraubenspindel	Schnecke ZF-Roß
Fußbremse	mechanisch, Trommel, Bosch-Dewandre-Servo ab 1938: hydraulisch Ate-Lockheed	
Handbremse	mechanisch, Hinterräder	mechanisch, Hinterräder
Chassis	Preßstahlrahmen mit U-Profil	Preßstahlrahmen mit U-Profil
Radstand; Spur v/h	3670; 1485/1485 mm	3670; 1515/1502 mm
Gesamtabmessungen	5380 × 1870 × 1820 mm (Pullm).	5380 × 1850 × 1820 mm (Pullm).
Bereifung	6.50 – 20	7.00 – 20 oder 7.00 – 18
Tankinhalt	90 Liter	90 Liter
Leergewicht	2350 kg (Pullman-Lim.)	2500 kg (Pullman-Lim.)
Höchstgeschwindigkeit	115 km/h	123 km/h
Stückzahl	931 (500 und 500 N)	
Preise	Off. Tourenwagen 1931 RM 16000 Off. Tourenwagen 1934 RM 16500 Pullm.-Limousine RM 17500 Cabriolet D 1931 RM 20000 Cabriolet D 1934 RM 20800 Cabriolet C RM 20500 Cabriolet F RM 21800 Fahrgestell RM 12500	Off. Tourenwagen 1936 RM 16500 Off. Tourenwagen 1937 RM 16800 Off. Tourenwagen 1939 RM 16500 Pullman-Limousine 1936 RM 15900 Pullman-Limousine 1937 RM 16500 Pullman-Limousine 1939 RM 17500 Cabriolet F RM 18900 Fahrgestell RM 11500

wagen relevant waren, wie etwa eine verstärkte Geräuschisolierung. 1934 wurde ein weiterer Nürburg 500 versuchsweise mit vorderer Einzelradaufhängung und hinterer Schwingachse versehen. Dennoch blieb man beim W 08 weiterhin im Serienbau dem Starrachsprinzip treu.

Im Jahre 1936 wurde der Typ W 08 innerlich und äußerlich einigen Veränderungen unterzogen, ohne daß dabei jedoch an der prinzipiellen Technik gerüttelt worden wäre. Gleichzeitig verschwand die Modellbezeichnung »Nürburg« von der Bildfläche – der Wagen wurde jetzt schlicht 500 N genannt. Lediglich das Suffix »N« deutete noch auf den einstigen klangvollen Namen der Ahnen hin.

Der Motor des 500 N entsprach im Konstruktiven dem des Nürburg 500. Durch die Verwendung eines Solex-Doppel-Steigstromvergasers der Type 35 MMOVS mit selbsttätiger Startvorrichtung und vergrößerten Lufttrichtern sowie einer auf 6,4:1 angehobenen Verdichtung stieg die Motorleistung auf 110 PS bei einer auf 3500 U/min erhöhten Nenndrehzahl. Das maximale Drehmoment blieb praktisch unverändert.

Die Getriebeabstufung hatte man modifiziert: Der erste Gang war nun kürzer ausgelegt, die übrigen drei Gänge rückten in ihren Übersetzungsverhältnissen näher zusammen. Zweiter, dritter und vierter Gang waren synchronisiert. Der zusätzliche Schnellgang – ebenfalls synchronisiert – wurde nur noch wahlweise gegen Aufpreis geliefert. Die Triebachsuntersetzung belief sich nach wie vor auf 5,77:1, mit dem Schongang allerdings auf 4,15:1.

Am Fahrgestellrahmen mit den offenen Längsträgern und an den Radaufhängungen hatte sich nichts geändert. Die Holzspeichenräder trugen jetzt Flachbettfelgen. Auf Wunsch waren nun auch 18-Zoll-Drahtspeichenräder lieferbar, die mit Superballon-Reifen der Dimension 7.00–18 extra bestückt wurden. Die Spurweiten vergrößerten sich in diesem Fall um drei Zentimeter. Die Lenkung arbeitete jetzt mit Schnecke und Lenkfinger nach dem ZF-Roß-Prinzip, ließ sich dadurch wesentlich leichter betätigen und war mit einer Dämpfungsscheibe versehen.

Die mechanisch betätigten Bremsen wurden vorerst noch beibehalten, mußten aber 1938 endlich einer zeitgemäßeren Ate-Lockheed-Anlage mit Bosch-Saugluft-Servogerät weichen. Inzwischen war auch die komplizierte Chassisschmierung, die an den Ölkreislauf des Motors angeschlossen war, durch eine unabhängige, fußbetätigte Eindruck-Zentralschmierung ersetzt worden.

Hatte sich an den Wagenabmessungen nichts geändert, so fiel doch das nun schließlich dem Zeitgeschmack angepaßte Styling ins Auge. Fülliger ausgearbeitete Kotflügel, eine fließendere Linienführung mit gerundeter Silhouette und eine noch stärker geneigte Kühlermaske glichen den 500 N in den hauptsächlichen Stilelementen an die übrigen Mercedes-Personenwagen an. Von vorne sah er wie ein vergrößerter 320 aus. Die Windschutzscheibe zeigte jetzt bei allen Aufbauvarianten eine starke Neigung. Ein integriertes Gepäckabteil gab es allerdings noch immer nicht – bei Bedarf hatte man mit einem unorganisch wirkenden, abnehmbaren Außenkoffer vorliebzunehmen.

Die »kleinen« Cabriolets C und D wurden 1936 mit dem Erscheinen des überarbeiteten 500 N aus dem Lieferprogramm gestrichen. Im Angebot verblieben nur die drei sechs- bis siebensitzigen Aufbauversionen. Wer einen weniger offiziell eingekleideten 500 N fahren wollte, mußte sich auf dem noch immer käuflichen »nackten« Chassis eine Spezialkarosserie schneidern lassen.

Der 500 N war nach wie vor kein Hochleistungswagen, auch wenn er laut Herstellerwerk »nach üblichen Angaben« 140 km/h erreichen sollte. Als wesentlich realistischer darf da schon die gestoppte Höchstgeschwindigkeit von 123 km/h angesehen werden. Der Benzinverbrauch belief sich auf 24 bis 27 Liter auf 100 Kilometer, der Ölverbrauch konnte – wohl durch die separate Chassisschmierung – auf drei Liter für 1000 Kilometer Fahrstrecke gesenkt werden.

Mit den kriegsbedingten Produktionseinschränkungen und -umstellungen bei Daimler-Benz beendete 1939 auch der Nürburg alias 500 N seine lange Karriere. Von der Fünfliter-Ausführung des W 08 – teilweise intern auch unter W 108 geführt – waren in fast neun Jahren 931 Wagen gebaut worden – der ältere 4,6-Liter-Typ hatte es indessen in sechs Produktionsjahren auf 2893 Exemplare gebracht.

In den nahezu zwölf Jahren seiner Produktionszeit hatte der Nürburg in allen Ausführungen einen hohen Reifestand erreicht. Er war wohl der kultivierteste Wagen seiner Klasse auf dem deutschen Markt. Unter diesem Aspekt erscheint es auch verzeihlich, daß er (zusammen mit dem Ford Taunus und dem Opel Kadett KJ 38) einen der letzten deutschen Vertreter der starren Vorderachs-Bauweise darstellte. Ein Titel gebührt dem Nürburg bzw. 500 N auf alle Fälle: Er dürfte der letzte Personenwagen der Weltproduktion gewesen sein, der noch serienmäßig mit Holzspeichenrädern geliefert wurde.

Gegenüberliegende Seite links: Nürburg 500 (1931), den der Vater des Verfassers als Dienstwagen benützte. IIH auf der Autonummer stand für Oberfranken. Gegenüberliegende Seite rechts: 500 N, Modell 1938, nach dem Kriege, vom Zahn der Zeit benagt.

Oben: 500 N Pullman-Cabriolet F, 1939. Rechts: 1939er 500 N Pullman-Limousine. Die Holzspeichenräder behielt der Nürburg durch die gesamte Produktionszeit hindurch bei.

Der »Große Mercedes« galt als Orient-Expreß der Landstraße – er war ein wahres Monument exklusiven europäischen Automobilbaus:

Mercedes-Benz 770

Im September 1930 fand Daimler-Benz wieder Anschluß an die internationale Spitzengruppe und gewann in vielerlei Hinsicht sogar einen Führungsstatus, als beim Pariser Automobil-Salon der Große Mercedes vorgestellt wurde. Dieser – prosaisch auch Typ 770 genannte – Wagen sorgte dort trotz der noch immer belasteten deutsch-französischen Beziehungen und der Vielzahl weiterer hochkarätiger Exponate für außerordentliches Interesse. Der Große Mercedes steckte als Schöpfung von Dr. Hans Nibel voller bemerkenswerter technischer Lösungen und befand sich zudem durch die intensive Erprobung bei der Präsentation bereits auf einem hohen Reifestand.

Der mächtige Reihenachtzylinder des Baumusters M 07 mit 7655 ccm Hubvolumen stellte eine moderne Kreation mit glattflächigem, formvollendetem Äußeren dar. Einem Automobil dieses Genre hätte natürlich eine biedere seitengesteuerte Maschine schlecht zu Gesicht gestanden, daher verfügte der Große Mercedes über im Grauguß-Zylinderkopf hängend angeordnete Ventile. Diese wurden nach dem ohv-Prinzip von einer seitlichen, neunfach gelagerten Nockenwelle über Rollenstößel, Stoßstangen und Kipphebel betätigt.

Der Zylinderblock bestand aus chromnickellegiertem Grauguß von höchster Verschleißfestigkeit. Das Kurbelgehäuse-Unterteil mit integrierter Ölwanne war aus Elektron gegossen und stark verrippt ausgebildet. Die Chromnickelstahl-Kurbelwelle lief in neun Hauptlagern, war statisch und dynamisch sorgfältig gewuchtet und verfügte über angeschmiedete Gegengewichte. Am vorderen Ende trug sie einen progressiv wirkenden Schwingungsdämpfer.

Als Gaswerk fungierte ein Steigstrom-Doppelvergaser eigener Konstruktion mit Beschleunigerpumpe und Kaltstarthilfe. Das aus Leichtmetall gegossene Saugrohr wurde durch die Auspuffgase automa-

tisch beheizt. Die Warmluftklappen waren thermostatisch steuerbar. Die Förderung des Kraftstoffs geschah mittels Unterdruck nach dem Autovac-Prinzip.
Bemerkenswert war die kombinierte Bosch-Batterie- und Magnetzündung. Der Hochspannungsmagnet trieb neben dem Zündverteiler des eigenen Systems auch den der Batteriezündung. Die voneinander unabhängigen Zündanlagen versorgten je einen Satz Zündkerzen links und rechts im Zylinderkopf.
Der Magnetapparat saß links am Motorblock und wurde gemeinsam mit der voluminösen 225-Watt-Lichtmaschine von der Nockenwelle angetrieben.
Der Langhuber war im Verhältnis 4,7:1 verdichtet. Bei der bescheidenen Drehzahl von 2800 U/min gab er eine Spitzenleistung von 150 PS ab, die mögliche Dauerleistung lag bei 145 PS. Die spezifische Leistung von 19,5 PS/1 zeigte, wie unterbelastet das Triebwerk war.
150 PS mochten für rein repräsentative Zwecke genügen. Der Wunsch nach einem »D-Zug der Landstraße« konnte durch die Ausrüstung des Großen Mercedes mit einem Kompressor, der einen Aufpreis von 3000 Mark erforderte, befriedigt werden. Bei diesem Lader handelte es sich um ein liegendes Roots-Gebläse in Druckanordnung, das rechts am Motorblock vor dem Vergaser saß.
Natürlich mußte die Kraftstofförderung den veränderten Druckverhältnissen angepaßt werden. War der Große Mercedes mit dem Lader ausgerüstet, sorgte anstelle des Vakuumförderers eine hinter dem Magneten plazierte, per Kurvenscheibe von der Nockenwelle angetriebene Benzinpumpe für ausreichende Brennstoffzufuhr aus dem im Heck angeordneten 120-Liter-Tank. Außerdem verfügte die Kompressorversion des 770 über eine geänderte Auspuffanlage: Die beiden Krümmerrohre traten zur schnelleren Wärmeableitung rechts aus der Motorhaube ins Freie und waren mit flexiblen Metallschläuchen umhüllt.
Durch die Überdruckwirkung des Aufladegebläses wurden die bei steigender Drehzahl auftretenden, dem Saugmotor angeborenen Füllungsverluste weitgehend kompensiert. Die »künstliche Beatmung« führte zu einem Leistungszuwachs von 25 Prozent. Auf eine stärkere Aufladung war verzichtet worden, um die Lagerdrücke nicht ins Unermeßliche zu treiben und die Langlebigkeit der Maschine nicht zu gefährden. Der Kompressormotor des Baumusters W 07 K leistete bei zugeschaltetem Gebläse bei unveränderter Tourenzahl 200 PS, die auf ziemlich unauffällige Art und Weise abgegeben wurden. Das schrille Kreischen, das als akustisches Markenzeichen der 6,8- und 7,1-Liter-Sportwagen aus Untertürkheim galt, war beim Großen Mercedes durch eine wirkungsvolle Ansauggeräuschdämpfung zu einem dumpfen Röcheln herabgemindert worden.

Gegenüberliegende Seite: Mercedes 770 als Cabriolet C, Ende 1931.

Oben: 770 als Pullman-Limousine – der Ausstellungswagen vom Pariser Salon 1930.

Die mächtigen Zeiss-Scheinwerfer tragen zur imposanten Physiognomie bei.

Die Kraftübertragung des Großen Mercedes erfolgte über eine trockene Zweischeibenkupplung und ein Dreiganggetriebe mit Kugelschaltung und schrägverzahnten Stirnrädern, dessen Leichtmetallgehäuse an der Schwungradseite des Motors direkt angeflanscht war. Wie beim Nürburg sorgte ein zusätzliches Schnellganggetriebe für eine Reduzierung der Drehzahl bei höheren Geschwindigkeiten; beim 770 konnte die Untersetzung jedoch zu jedem der drei Vorwärtsgänge zugeschaltet werden. Durch diese Kombination ergaben sich sechs Gänge.
Der im U-Profil aus Stahlblech gepreßte Semi-Niederrahmen war über Vorder- und Hinterachse gekröpft und durch eine kräftige X-Traverse versteift. Die Chassisträger wirkten in ihrer Stärke nutzfahrzeugmäßig beschaffen. Ebenso waren die starren Achsen konstituiert. Die aus Stahlblech gepreßte Banjo-Hinterachse besaß ein aus Leichtmetall

gegossenes Differentialgehäuse. Die Vorderachse war im Doppel-T-Profil aus Chromnickelstahl geschmiedet und als Faustachse ausgebildet. Die Aufhängung erfolgte mit langen Halbelliptikfedern. Doppeltwirkende hydraulische Hebeldämpfer absorbierten die Fahrbahnstöße, »Anti-Shimmy-Blöcke« an den Vorderfederlaschen verhinderten ein Flattern der Vorderräder. Die Schraubenspindellenkung galt als stoßfrei und vermittelte hervorragenden Straßenkontakt, war aber kein Muster an Leichtgängigkeit.
Eine Bedienungserleichterung bot dagegen die Bremse, die Unterstützung durch ein Saugluft-Servogerät erfuhr. Das mechanische System verzögerte die Fahrt des 2,8-Tonners über riesige, zur Kühlung

Ganz oben: 770 Transformations-Cabriolet karossiert von Baur 1931. Oben links: Ein 770 Cabriolet F mit Kompressor, Sonderaufbau Sindelfingen 1932. Oben rechts: 770 Sport-Cabriolet mit Golffach 1931, Aufbau Auer, Stuttgart. Links: 770 Tourer 1937.

Gegenüberliegende Seite: 770 Kaiserwagen 1932, der 1941 der letzten Fahrt Kaiser Wilhelms II. diente. Rechts: 770 als viersitziger Tourer 1932. Rechts außen: Ein 770 des Tenno.

verrippte Bremstrommeln und erwies sich als wesentlich wirkungsvoller als die überforderten Stopper des Nürburg. Wahlweise wurden Holz- oder Drahtspeichenräder geliefert, wobei man letztere wohl eher für die Auslandsmärkte vorgesehen hatte.
Alle Schmierpunkte am Fahrgestell einschließlich des Kardangelenks wurden durch eine vollautomatisch arbeitende Zentralschmierung hauseigener Machart mit betriebswarmem Motorenöl versorgt.
Bezüglich der Karosserien des Großen Mercedes konnten die Kunden ihren individuellen Neigungen freien Lauf lassen. Allein in Sindelfingen entstand schon eine umfangreiche Palette mehr oder weniger formeller Werksaufbauten: Pullman-Limousine, sechssitziger Tourenwagen und die viertürigen Cabriolets D und F entsprachen dem Repräsentationscharakter des Wagens. Die optisch leichteren zweitürigen Cabriolets B (vier Fenster) und C (zwei Fenster) wirkten auf dem niedrigen Chassis durchaus nicht deplaziert und verliehen dem 770 einen Hauch von Sportivität. In Sindelfingen war man in der Lage, jedem Sonderwunsch Rechnung zu tragen – sowohl das Äußere des Wagens als auch die Ausstattung betreffend.
Die Serienaufbauten des 770 besaßen eine formale Ähnlichkeit mit dem letzten großen Sechszylinderwagen der K-Reihe des Jahrgangs 1929. Das Gesicht des Wagens wurde von dem mäßig zugespitzten, schwer verchromten Wabenkühler beherrscht, der häufig mit einem Steinschlagschutz – in Form eines engmaschigen Gitters, von in Fischgrätform angeordneten oder auch seltener von senkrechten Stäben – versehen war. Zwei riesige Zeiss-Scheinwerfer thronten vor dem Kühler auf einem gebogenen Lampenbügel. Die doppelte Federstahl-Stoßstange war mit Gummiauflagen armiert. In den Vorderkotflügeln waren beidseitig Ersatzräder angebracht.
Bei der gediegenen, unaufdringlich vornehmen Ausstattung der Karosserien fiel die Verwendung hochwertiger Materialien ebenso wie der nicht zu übertreffende Verarbeitungsstandard ins Auge. Das Armaturenbrett war reichlich bestückt: Auf einer zentralen Instrumententafel waren ein Veigel-Tourenzähler, eine Zeituhr, ein bis 160 km/h kalibrierter Tachometer mit Wegstrecken- und Tageskilometerzähler, ein Kühlwasserfernthermometer, ein Ölmanometer, eine pneumatisch wirkende Kraftstoff-Vorratsanzeige und ein kombiniertes Ampère-

Ganz oben: Die Kommandozentrale des 770 mit Zündungs- und Gemischverstellung sowie der Schnellgangbetätigung. Darunter: Triebwerk des 770 mit dem Steuermechanismus für die kombinierte Batterie- und Magnetzündung.

und Voltmeter symmetrisch angeordnet. Das riesige Vierspeichenlenkrad trug als Novum einen Signalring, der das mächtige Bosch-Horn unter der Motorhaube ertönen ließ. In der Lenkradnabe waren drei Stellhebel für das Zuschalten der Schnellgang-Untersetzung, für die Verstellung des Zündzeitpunktes und für die Gemischregulierung plaziert. Ein weiteres, damals selten vorzufindendes Requisit war der

Fahrgestell des Mercedes-Benz 770.

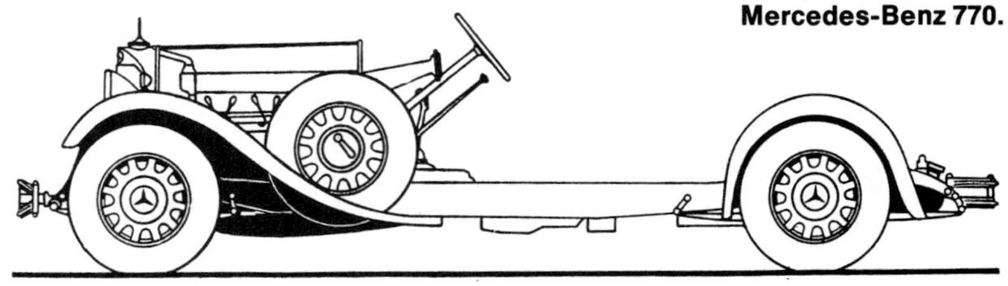

Modell	770 Großer Mercedes (W 07)	
Produktionszeit	September 1930 – Juni 1938	
Motor	Reihen-Achtzylinder M 07, mit Kompressor M 07 K	
Bohrung/Hub/ccm	95 × 135; 7655 ccm	
Verdichtung	4,7:1	
Leistung	150 PS bei 2800 U/min, mit Kompressor 200 PS bei 2800 U/min	
Ventile, Steuerung	ohv, 1 seitliche Nockenwelle	
Schmierung	Druckumlauf	
Kühlung	Wasser, Pumpe	
Vergaser	1 Doppel-Steigstromvergaser Mercedes	
Elektrik	12 Volt 75 Ah	
Kupplung	Zweischeiben-Trockenkupplung	
Getriebe	3-Gang + Schnellgang	
Lenkung	Schraubenspindel	
Fußbremse	mechanisch, Trommel, Bosch-Servo	
Handbremse	mechanisch, Hinterräder	
Chassis	Preßstahlrahmen mit U-Profil	
Radstand; Spur v/h	3750, 1500/1500 mm	
Gesamtabmessungen	5600 × 1840 × 1830 mm	
Bereifung	7.00 – 12 oder 190 – 20	
Tankinhalt	120 Liter	
Leergewicht	2700 kg (Pullman-Lim.)	
Höchstgeschwindigkeit	150 km/h, mit Kompressor 160 km/h	
Stückzahl	117	
Preise	Pullman-Limousine Pullman-Limousine mit Kompressor Off. Tourenwagen mit Kompressor Cabriolet C mit Kompressor Cabriolet B mit Kompressor Cabriolet D mit Kompressor Cabriolet F mit Kompressor Fahrgestell Fahrgestell mit Kompressor	RM 38 000 RM 41 000 RM 42 000 RM 44 500 RM 47 500 RM 47 500 RM 47 500 RM 29 500 RM 32 500

Rechts: Drei 770 Pullman-Limousinen, die – mit Düsseldorfer Kennzeichen versehen – zur Auslieferung bereitstehen. Unten: 770 Cabriolet D, als Einzelstück in Sindelfingen gebaut.

Rückfahrscheinwerfer, den ein Kontaktgeber am Schalthebel zum Erleuchten brachte.
Im Sommer 1934 wurden die Aufbauten des 770 stilistisch leicht überarbeitet. Die unveränderte vordere Stoßstange saß nun etwas höher. Die Vorderkotflügel wurden an den Spitzen weiter nach unten gezogen und erhielten seitliche Schürzen, die Windschutzscheibe stand nun deutlich geneigter.
Genau zwei Jahre später kam es für den Großen Mercedes zu einem erneuten Restyling: Die Aufbauten erhielten nun noch fließendere Linien und hatten ihre optische Schwere gänzlich verloren. Die Vorderkotflügel waren fülliger gestaltet und gingen in unmerklicher Wölbung in die langen Trittbretter über; auch die hinteren Kotflügel waren geschwungener ausgeführt und weiter hinter die Heckbegrenzung der Karosserie hinausgezogen. Die Neigung der Windschutzscheibe hatte weiter zugenommen. Die nunmehr einteiligen Stoßstangen waren mit dicken Gummipolstern besetzt, der Tankeinfüllstutzen unter einer Klappe im rechten Hinterkotflügel verborgen. Die Entlüftungsschlitze der Motorhaube waren nun waagrecht angeordnet und trugen zur Betonung der Horizontalen bei. Wiederum unverändert präsentierte sich der nach wie vor absolut senkrecht stehende Kühler.
An den technischen Daten und Leistungsangaben für den Großen Mercedes alias 770 hatte sich bei allen optischen Aktualisierungsmaßnahmen bis zur Einstellung der Produktion im Sommer 1938 nichts geändert. Einer technischen Revision hatte der Typ W07 als Chauffeurwagen wohl nicht bedurft, zumal auf den Reißbrettern in Untertürkheim bereits ein im ganzen moderner Nachfolger Gestalt annahm.

Die Fahreigenschaften des Großen Mercedes fanden das einhellige Lob der Fachjournalisten: Die ungewöhnlich sichere Straßenhaftung und der hohe Fahrkomfort kennzeichneten den 770 auch in dieser Disziplin als absolutes Spitzenerzeugnis.
In den acht Jahren seiner Produktionszeit brachte es der 770 – die Zusatzbezeichnung »K« gab es übrigens offiziell nie – als Exklusivmodell auf ganze 117 Einheiten. Die Jahresproduktion lag mit Ausnahme des Jahres 1931 (42 Wagen) bei durchschnittlich 10 Exemplaren. Daraus ist ersichtlich, daß der Große Mercedes auf Bestellung gebaut wurde. Streng genommen konnte von einer Serienproduktion eigentlich ohnehin nicht die Rede sein.
Daß die 1933 an die Macht gekommenen Potentaten des Dritten Reiches den Großen Mercedes bald als Standardmodell für ihre Paradeflotte auserkoren, ist kaum verwunderlich. Die NSDAP aber als Hauptabnehmer für den W07 zu sehen, wie das heute zuweilen geschieht, ist falsch und läßt sich anhand der erhalten gebliebenen Auftragsbücher in Untertürkheim leicht korrigieren.

Mit dem Erscheinen dieses Wagens präsentierte Daimler-Benz den bislang kleinsten jemals in Untertürkheim gebauten Sechszylinder:

Mercedes-Benz 170

Die beginnenden dreißiger Jahre waren ein mäßiger Nährboden für den Automobilbau. Mehr als sechs Millionen Arbeitslose, zahllose Konkurse und Zusammenbrüche von Banken waren die Symptome der schwersten bisher aufgetretenen Wirtschaftskrise. Von jener Rezession war auch der bürgerliche Mittelstand betroffen – und gerade diese Bevölkerungsgruppe war es, die eben erst einer breiteren Motorisierung erschlossen worden war.
Es bedurfte keines besonderen Weitblicks, den zwangsläufig steigenden Anteil der Personenwagen bis zwei Liter Hubraum im deutschen Automobilgeschäft vorauszusehen. Deshalb reagierte man in Untertürkheim im Jahre 1929 notwendigerweise mit der Projektierung eines kleinen Mercedes, der das Pkw-Programm der Daimler-Benz AG nach unten ergänzen sollte. Unter der Leitung von Dr.-Ing. Hans Nibel und Oberingenieur Max Wagner entstand ein hochmoderner 1,7-Liter-Wagen, der beim Pariser Automobilsalon im Herbst 1931 als Typ 170 präsentiert wurde.
Der Motor des 170 lag durchaus auf der technologischen Ebene seiner Zeit, seine Konzeption zeigte nichts Aufregendes: Wegen des geschmeidigen Laufes hatte man sich – wie auch Opel beim 1,8 Liter – für einen Sechszylinder entschieden. Die stehend angeordneten Ventile wurden von einer über schrägverzahnte Stirnräder angetriebenen, seitlichen Nockenwelle betätigt. Die vierfach gelagerte Kurbelwelle bedurfte keines leistungszehrenden Schwingungsdämpfers, da sie durch entsprechende Kröpfungen balanciert war. Das Triebwerk bestätigte sich in der Praxis als völlig frei von kritischen Torsionsschwingungen.

Gegenüberliegende Seite: Mercedes 170 (W 15) Sportroadster.

Oben: Der neue 170 wird 1931 den Händlern präsentiert.

Der 1,7-Liter-Motor gab bei 3200 U/min 32 PS ab, die auch als Dauerleistung verfügbar waren. An und für sich waren damit auch für eine Maschine dieses Volumens die Reserven nicht vollends genutzt. In Untertürkheim hatte man eben einer weicheren Laufcharakteristik die Priorität eingeräumt.

Das Chassis des 170 war als Niederrahmen mit starker Kröpfung über der Hinterachse ausgebildet und ermöglichte dadurch eine tiefe Schwerpunktlage des Fahrzeugs. Die Rahmenlängsträger waren im U-Profil gepreßt und auf beträchtlicher Länge zum Kastenprofil verschweißt. Dieses stabile Rückgrat wurde durch sieben Traversen querversteift und war auf Höhe des Getriebes diagonal verstrebt. Im Sommer 1933 wurde der Rahmen des 170 weiter erleichtert, ohne daß Stabilitätseinbußen zu befürchten gewesen wären: Die Querverstrebung an der hinteren Kröpfung fiel ebenso weg wie die Diagonalstützen am Getriebe. Dafür wurde die Haupttraverse verstärkt.

Fortschrittlichstes Attribut des 170 war aber zweifellos die ringsum praktizierte Einzelradabfederung. Welche Bedeutung dieser avantgardistischen Konzeption innewohnte, bewies das Aufsehen, das der neue Wagen auf dem Pariser Salon erregte. Paradoxerweise debütierte dort noch ein zweites Auto mit unabhängiger Vorderradaufhängung: Auch der Peugeot 201 C machte in dieser Hinsicht von sich reden, allerdings mit einem einfacheren System, das zudem mit einer starken Hinterachse kombiniert war.

Der Mercedes 170 besaß hinten eine Schwingachse – oder Zweigelenk-Pendelachse, wie man sie später nannte. Diese Bauart sollte mit all ihren Vorzügen und Schwächen den Daimler-Benz-Personenwagen fast ein Vierteljahrhundert lang erhalten bleiben. Die Schwingachse war im Prinzip nicht neu: In den zwanziger Jahren waren sowohl der österreichische Steyr XII als auch der Hansa Matador damit ausgerüstet, jeweils mit Abstützung durch eine Querfeder. In Untertürkheim beschritt man aber einen anderen Weg: Das Differentialgehäuse aus Leichtmetall war an den beiden vorletzten Rahmen-Querträgern an vier Punkten in Gummi gelagert. Die beiden schwingenden Achsrohre waren durch staubdicht gekapselte Quergelenke am Antriebsblock angelenkt. Die Achshälften wurden durch je zwei Schraubenfedern abgefedert bzw. gegen den Rahmen abgestützt.

Auch die achslose Konstruktion der Vorderradaufhängung war kein absolutes Novum. In Deutschland war sie sowohl im Röhr 8 als auch – allerdings recht undurchdacht – im kleinen BMW 3/15 PS der Type DA 4 zu finden. Beim 170 praktizierte man auch hier eine eigenständige Lösung: Die Vorderräder waren an zwei Querfedern aufgehängt und konnten so unabhängig voneinander einfedern, ohne diese Bewegungen dem Chassis oder Aufbau mitzuteilen. Die Achsköpfe waren oben und unten jeweils an die Federaugen angelenkt und schwangen nicht auf einem Kreisbogen, sondern parallel zueinander. Auf jeder Seite wirkte ein querstehend angeordneter hydraulischer Stoßdämpfer für den Fall des Bruchs einer der (allerdings sehr niedrig belasteten) Federn gleichzeitig als Fangvorrichtung. Außerdem stützten die doppelten Stoßdämpferhebel die Achsstummel gegen den Rahmen ab.

Eine weitere Premiere stellte die Ausrüstung des 170 mit hydraulischen Bremsen dar. Während andere deutsche Firmen wie Adler, Audi, Stoewer und Wanderer schon auf – teilweise jahrelange – Erfahrungen mit Öldruckbremsen zurückblicken konnten, stand man bei Daimler-Benz diesem Punkt zunächst abwartend gegenüber und machte dessen Verwendung im Serienbau von intensiven Erprobungen abhängig. Die Ate-Lockheed-Bremsen des 170 erwiesen sich in der Praxis indessen als überdurchschnittlich wirksam. Ihre Verzögerungswerte zeigten sich 1932 denen aller übrigen Personenwagen auf

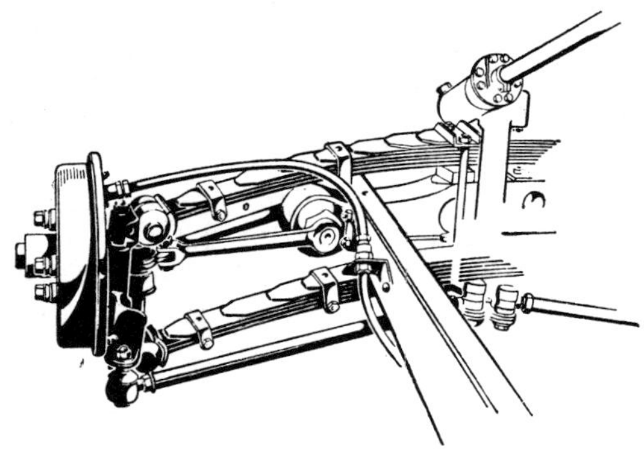

Rechts: Die achslose Vorderradaufhängung des 170. Unten: Blick auf den seitengesteuerten Sechszylindermotor.

Modell	170 (W 15)
Produktionszeit	März 1931 – Juli 1936
Motor	Reihen-Sechszylinder M 15
Bohrung/Hub/ccm	65 × 85, 1692 ccm
Verdichtung	5,75:1
Leistung	32 PS bei 3200 U/min
Ventile, Steuerung	sv, 1 seitl. Nockenwelle
Schmierung	Druckumlauf
Kühlung	Wasser, Pumpe
Vergaser	1 Steigstrom Solex 30 FVST oder 30 FVLS
Elektrik	6 Volt 75 Ah
Kupplung	Einscheiben-Trockenkupplung
Getriebe	4-Gang (m. Schnellgang)
Lenkung	Schnecke
Fußbremse	hydraul., Trommel, Vierrad
Handbremse	mechan., Außenband, Differential
Chassis	Preßstahlrahmen, teilw. U-Profil
Radstand; Spur v/h	2600, 1340/1340 mm
Gesamtabmessungen	3940 × 1630 × 1580 mm
Bereifung	4,75 – 18, ab Juni 1932 5,25 – 17
Tankinhalt	33 Liter, vorn
Leergewicht	1025 kg (Limousine)
Höchstgeschwindigkeit	90 km/h
Stückzahl	13 775
Preise	Limousine 4t. 1932 RM 4400 Limousine 4t. 1934 RM 4150 Off. Tourer 2t. 1934 RM 5200 Off. Tourer 2t. 1935 RM 4800 Cabriolet A 1934 RM 7000 Cabriolet A 1935 RM 6500 Cabriolet C 1932 RM 5575 Cabriolet C 1935 RM 4700 Roadster 1932 RM 5500 Roadster 1935 RM 5100 Limousine 2t. 1935 RM 3950 Fahrgestell 1932 RM 3800

Obere Reihe: Der 170 war auf Wunsch mit Kühlerschutzgitter, Stoßstangen, Winkern und Ersatzradhülle lieferbar. Mitte: Der 170 als Cabrio C, Modell 1933. Unten: Offener Tourer, von der bekannten Firma Reutter, Stuttgart, 1934 auf Basis des W 15 karossiert.

dem deutschen Markt sogar deutlich überlegen. 14 Meter Bremsweg aus 70 km/h galten damals als atemberaubend! Dabei war die absolute Spurtreue des Wagens auch bei scharfem Bremsen zu rühmen.
Im Gegensatz zu den Aufbauten erfuhr die Technik des 170 während der fünfjährigen Bauperiode keinerlei Modifikationen – Beweis für das fortschrittliche Konzept. So nimmt es nicht wunder, daß der 170 von der Presse begeistert aufgenommen wurde und in Prüfungsberichten eine erstklassige Beurteilung erfuhr. Im Mittelpunkt dieses Lobes stand die exzellente Straßenlage – die hohe Querbeschleunigung, die das Fahrwerk vertrug, die überdurchschnittliche Bodenhaftung und die auch bei schlechter Fahrbahn ausgeprägte Richtungsstabilität. Damit verbunden war ein hoher Fahrkomfort. Einhellig wurden die hohen möglichen Reisedurchschnitte erwähnt, die den 170 weitaus stärkeren Wagen überlegen machten.
Das Fahrwerk war eindeutig »schneller« als der Motor, dennoch stellten die Leistungen des 170 zufrieden: Eine Spitzengeschwindigkeit von 90 km/h und eine Beschleunigungszeit von 19 Sekunden von 10 bis 60 km/h galten als angemessen.
Der 170 sollte kein Volkswagen sein, sondern – wie Stefan von Szénásy einmal schrieb – »ein preiswerter Wagen für nicht sehr begüterte, aber verwöhnte Leute.« Ursprünglich war an einen Verkaufspreis von 4540 Mark gedacht worden, beim Debüt des Wagens hatte man ihn aber auf 4400 Mark (Limousine) festgelegt. Die Anschaffungskosten des 170 bewegten sich zwischen den Extremen 4150 Mark (Limousine mit separatem Koffer, 1934) und 7000 Mark (Cabriolet A, 1934). Dafür erhielt man einen in Verarbeitung, Lebensdauer und Komfort typischen Mercedes, der über eine komplette Innenausstattung verfügte: Deckenlampe, Zigarettenanzünder, Rollgardine am Heckfenster und Veloursteppiche.
Mit dem 170 vermochte Daimler-Benz seinen Abnehmerkreis erfolgreich zu erweitern. Einer drohenden Minderung des Absatzvolumens konnte so wirkungsvoll begegnet werden. So war der 170 am Aufwärtstrend in Untertürkheim sicher nicht unbeteiligt: 1933 erarbeitete der schwäbische Konzern wieder einen Reingewinn von 2,5 Millionen Mark und das Stammpersonal konnte um 5000 auf 25 000 Beschäftigte erweitert werden.

Der jetzt nicht mehr ganz so kleine Mercedes, der neue Mittelklasse-Maßstäbe setzte und in großen Stückzahlen hergestellt wurde:

Mercedes-Benz 200

Der Mercedes 170 war von den Fachkritikern seiner Zeit zuweilen als untermotorisiert bezeichnet worden, da das fortschrittliche Fahrwerk gut und gerne einige zusätzliche Pferdestärken vertragen hätte. Als dann in Deutschland eine allmähliche Besserung der wirtschaftlichen Misere – wenn auch unter düsteren politischen Vorzeichen – zu erahnen war, lag es nahe, das »kleine« Mercedes-Programm nach oben zu erweitern und dem 170 einen auch sozial etwas gelifteten Halbbruder zur Seite zu stellen.
Im Februar 1933 wurde der Typ 200 bei der Internationalen Automobil-Ausstellung in Berlin der Öffentlichkeit präsentiert, nachdem die Produktion dieses Wagens bereits kurz vor dem Jahreswechsel angelaufen war. Der 200 war äußerlich wie von der technischen Konzeption her unschwer als direkter Abkömmling des 170 zu erkennen, wies aber gegenüber dem Stammodell einige differenzierende Merkmale auf.

Beim Motor des 200 handelte es sich um das fünf Millimeter aufgebohrte Triebwerk des 170. Weitere Unterschiede betrafen den Solex-Steigstromvergaser der Type 35 BFLV (bei Serienbeginn war kurzzeitig ein 30 FVLS zum Einbau gelangt) und die Vierpunktaufhängung in Gummi-Metall-Lagern, die die Maschine laufruhiger als im 170 erscheinen ließen. Bei einer Nenndrehzahl von 3200 U/min gab der Zweiliter 40 PS ab. Die spezifische Leistung war gegenüber dem 170 auf 20,4 PS/Liter angewachsen – noch immer ein biederer Wert. Der vorneliegende Tank wurde zunächst vom 170 übernommen, aber bereits im April 1933 angesichts des erhöhten Durstes auf 39 Liter Fassungsvermögen vergrößert.
Schnellganggetriebe und Achsantrieb waren unverändert geblieben. Dagegen wurden die Längsträger des Niederrahmens beim 200 völlig geschlossen ausgeführt. Durch dieses Kastenprofil konnte man die

Zahl der Querversteifungen reduzieren. Von jeglichen Modifikationen unberührt blieb die Bauart der Radaufhängungen des Vollschwingachsers. Der Radstand war um zehn Zentimeter gewachsen und die hintere Spurweite hatte geringfügig zugenommen. Neben den Reifen der Größe 5.25–17 waren auch solche der Dimension 5.50–17 lieferbar.

Ebenso umfangreich wie beim 170 präsentierte sich das Programm der lieferbaren Karosserievarianten: Sport-Roadster (mit zwei Notsitzen), offener Tourer (viersitzig, mit zwei, ab 1935 mit vier Türen), Cabriolets A und C sowie viertürige Limousine. Diese Aufbauten entsprachen in ihrer jeweiligen Linienführung und in ihren Ausführungsdetails ganz den jeweiligen Karosserien des 170 – auch die zweitürige Limousine, die 1935 hinzukam. 1933/34 wurde im Auftrage der Reichswehr eine Serie von Kübelwagen auf der Basis des 200 aufgelegt, die mit normalgestuftem Vierganggetriebe und 20-Zoll-Rädern ausgerüstet waren.

Im Spätsommer 1934 wurde einem Wunsche Rechnung getragen, der seit einem Jahr in den Kreisen des Mietautogewerbes hörbar war: Nun wurde der 200 auch als Ausführung »lang« mit einem um 35 Zentime-

Gegenüberliegende Seite: 200 lang, wie es ihn auch als Taxamater gab. Links: 200 Cabrio C als 10 000. Mercedes-Schwingachser im Jahre 1933. Unten: Das Siegerteam der Drei-Tage-Harz-Fahrt 1933, Karl Kappler, Hans-Joachim Bernet und Alfred Neubauer mit ihren Mercedes-200-Roadstern.

Obere Reihe: 200 Limousine lang und normal, jeweils von 1934. Mitte: Zwei 200 lang, Cabrio A. Untere Reihe: Noch einmal die gleiche Ausführung des 200 lang. Gegen Aufpreis war ein Spezial-Koffersatz lieferbar.

Oben: 200 Cabriolet C, Baujahr 1933, Sonderausführung mit seitlicher Chrom-Zierleiste. Links: Sonderausführung des 200 Cabriolet A aus dem Jahre 1934.

ter gestreckten Radstand geliefert. Die Zunft der Droschkenkutscher fühlte sich nämlich trockengelegt, als die Produktion des als Taxe bewährten, aber reichlich antiquierten Stuttgart 200 (W 02) 1933 auslief. Der preislich auf gleicher Ebene liegende neue 200 als Nachfolger des W 02 bot bei geringerem Radstand weniger Innenraum und der 290 war von der Wirtschaftlichkeit her kaum diskutabel. Zunächst waren ausschließlich sechssitzige Aufbauten erhältlich: Pullman-Limousine mit oder ohne Trennwand, viertüriger Tourenwagen und Landaulett. Die mittlere der drei Sitzreihen war dabei klappbar angeordnet. Gepäckbrücken ersetzten die Außenkoffer, da der vertikale Heckabschluß weiter nach hinten versetzt war. Diese Versionen entstanden übrigens im Werk Mannheim.
Sehr schnell erkannte man, daß auch auf dem privaten Sektor durchaus Bedarf für einen geräumigeren 200 bestand, zumal der Wagen

weniger repräsentativ als das Vorgängermodell Stuttgart wirkte. Der 200 lang mit gefächerter Aufbautenskala konnte ab 1935 erfolgreich eine breitere Käuferschicht ansprechen. Die langen Varianten liefen sogar den Ausführungen auf Normalradstand auf Anhieb stückzahlmäßig den Rang ab. Inkonsequent war die Nomenklatur, mit der das Werk die beiden Radstände unterschied: Die 2700-Millimeter-Version wurde einmal als »kurz«, einmal als »normal« bezeichnet. Auf diese Weise geriet auch die Produktionsstatistik in diesem Punkt reichlich verwirrend. Auf dem Chassis mit 3050 Millimeter Radstand entstanden 1935 vier zusätzliche Aufbauten für den Privatgebrauch, die recht gelungen wirkten: das »Spezialcabriolet« (eigentlich ein Cabriolet A mit 2+2 Sitzen), ein Cabriolet B (vier bis fünf Sitze, 4 Fenster) und eine viertürige Limousine (viersitzig). Das vierte Modell, die vier- bis fünfsitzige Stromlinienlimousine, wirkte mit ihrem langen *fastback* recht unorganisch und dürfte über das Projektstadium, allenfalls über wenige Einzelexemplare nicht hinausgekommen sein. Auch die eigentlich als Taxe gedachte Ausführung mit aufklappbarem Verdeck über dem Rücksitz wurde 1935 als »Privat-Landaulet« (mit einem t) ins offizielle Verkaufsprogramm aufgenommen. Im Jahre 1936 kam ein viertüriges Cabriolet D dazu. Die meisten nichtprofessionellen Varianten wurden in Untertürkheim bzw. Sindelfingen hergestellt, aber auch in Mannheim erblickten »lange« Cabriolets das Licht der Welt.

Die in Gemischtbauweise aus Holz und Stahlblech gefertigten Karosserien wiesen eine reichhaltige Ausstattung und ein luxuriös eingerichtetes Interieur auf. Dadurch kletterten nicht nur die Preise, sondern auch das Wagengewicht. Das Temperament ließ merklich nach. Für den 170 errechnete sich ein Leistungsgewicht von 32,3 kg/PS, der 200 gab sich mit 28,2 kfg/PS (Limousine auf Normalradstand) schon

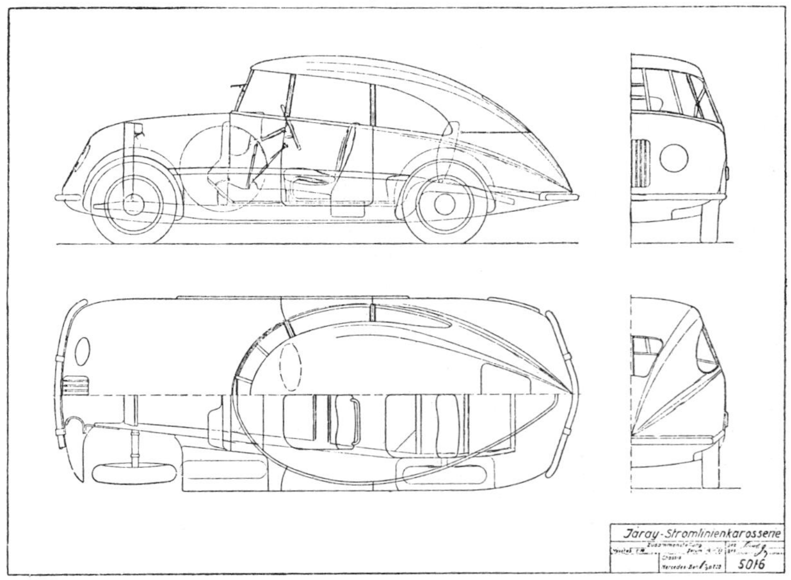

Oben links: Kübelsitzer-Ausführung des Mercedes 200, 1934 an die Reichswehr geliefert. Ganz oben: Jaray-Stromlinien-Limousine auf dem Fahrgestell des 200, 1934 als Einzelstück bei der Karosseriefirma Huber & Brühwiler entstanden.

auf dem Papier spritziger. Er erreichte eine Spitzengeschwindigkeit von knapp 100 km/h. Eine Beschleunigungszeit von 14 Sekunden von 10 bis 60 km/h bewies Lebendigkeit – dieser Wert kam nahe an den des 770 heran! Auf Wunsch konnte der 200 für den Sporteinsatz auch mit einem Hochkompressions-Zylinderkopf ausgerüstet werden, der ein Verdichtungsverhältnis von 7,0:1 bewirkte. Eine entsprechende Leistungsangabe ist nicht überliefert, jedoch sollen damit versehene Roadster 115 km/h gelaufen sein.
Beim Genfer Salon im März 1934 war ein wenig formschön, aber um so aerodynamisch effektiver gestalteter 200 als Einzelstück zu sehen: Paul Jarays Aktiengesellschaft für Verkehrspatente hatte bei der Lu-

200 lang Pullman-Limousine.

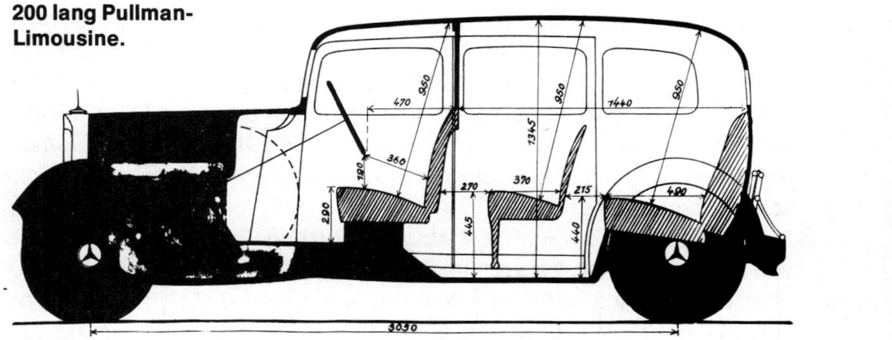

Ganz oben: Achsschenkel des 200. Oben: Die hintere Schwingachse des 200 war an doppelten Schraubenfedern im gekröpftem Chassisheck aufgehängt.

Modell	200 (W 21)	200 lang (W 21)
Produktionszeit	Dezember 1932 – Oktober 1936	September 1934 – Oktober 1936
Motor	Reihen-Sechszylinder M 21	Reihen-Sechszylinder M 21
Bohrung/Hub/ccm	70 × 85/1949 ccm (eff. 1961 ccm)	70 × 85/1949 ccm (eff. 1961 ccm)
Verdichtung	5,75:1	5,75:1
Leistung	40 PS bei 3200 U/min	40 PS bei 3200 U/min
Ventile, Steuerung	sv, 1 seitl. Nockenwelle	sv, 1 seitl. Nockenwelle
Schmierung	Druckumlauf	Druckumlauf
Kühlung	Wasser, Pumpe	Wasser, Pumpe
Vergaser	1 Steigstrom Solex 35 BFLV	1 Steigstrom Solex 35 BFLV
Elektrik	6 Volt 75 Ah	6 Volt 75 Ah
Kupplung	Einscheiben-Trockenkupplung	Einscheiben-Trockenkupplung
Getriebe	4-Gang (m. Schnellgang)	4-Gang (m. Schnellgang)
Lenkung	Schnecke	Schnecke
Fußbremse	hydraulisch, Trommel/Vierrad	hydraulisch, Trommel/Vierrad
Handbremse	mechan., Außenband, Differential	mechan., Außenband, Differential
Chassis	Preßstahl-Kastenrahmen	Preßstahl-Kastenrahmen
Radstand, Spur v/h	2700, 1340/1380 mm	3050, 1340/1380 mm
Gesamtabmessungen	4060 × 1630 × 1580 (Lim.)	4390 × 1630 × 1580 (Lim.)
Bereifung	5.25 – 17 oder 5.50 – 17	5.25 – 17 oder 5.50 – 17
Tankinhalt	33 (ab April 1933: 39) Liter	33 (ab April 1933: 39) Liter
Leergewicht	1130 kg (Lim.)	1425 kg
Höchstgeschwindigkeit	98 km/h	93 km/h
Stückzahl	9281	6341
Preise	Limousine 4t. RM 4950 Off. Tourer 2t. RM 5800 Sport-Roadster RM 6200 Cabriolet A RM 7650 Cabriolet C (ab 1934) RM 6150 Limousine 2t. (ab 1935) RM 5150	Pullman-Limousine RM 6 550 Landaulet RM 6 900 Tourenwagen RM 6 950 Lim 4t. (ab 1935) RM 5 700 Cabriolet A (ab 1935) RM 11 500 Cabriolet B (ab 1935) RM 6 990 Cabriolet D (ab 1936) RM 8 200

zerner Karosseriefabrik Huber & Brühwiler eine zweitürige Stromlinienkarosserie schneidern lassen, die nicht nur eine kompromißlose Studie darstellte. Bei Erprobungen dieses Wagens hatte man trotz höheren Gewichtes eine Spitzengeschwindigkeit von 123 km/h und gleichzeitig einen Durchschnittsverbrauch von 10,1 Liter/100 Kilometer (Serie: 14,4 l/100 km) ermittelt. Aber Häßlichkeit verkaufte sich schon immer schlecht . . .

Der 200 lang war ein recht behäbiges Fahrzeug. Ein Leistungsgewicht von 35,6 kg/PS konnte kein heißblütiges Temperament versprechen, obwohl man eine mit 6,38:1 (auf Wunsch sogar 6,45:1) noch kürzer ausgelegte Triebachsuntersetzung gewählt hatte. Die Höchstgeschwindigkeit sank auf 170-Niveau ab: Werkangabe 93 km/h. So entschloß man sich, ab Juni 1936 den für die kommende Baureihe W 143 entwickelten 2,3-Liter-Motor gegen einen Aufpreis von 175 Mark im 200 lang anzubieten. Dieses Aggregat sorgte mit 55 PS wieder für ausreichenden Dampf.

Der 200 mit Normalradstand errang zahlreiche sportliche Ehren. In vier Jahren wuchs die Liste seiner Erfolge zu einem derartigen Umfang an, daß sie hier Seiten füllen würde. Wiederholte Siege bei den ADAC- und DDAC-Winterfahrten, bei den Drei-Tage-Harz-Fahrten und den Ostpreußenfahrten, beim Automobilturnier Wiesbaden, bei der 2000-Kilometer-Deutschlandfahrt und in unzähligen Regionalwettbewerben mit so prominenten Namen wie Fritz Nallinger, Karl Kappler, Hans-Joachim Bernet, Rudolf Uhlenhaut und Alfred Neubauer in den Ergebnislisten trugen gewiß zu den ansehnlichen Verkaufszahlen des Wagens bei.

Nach dem ebenfalls recht fortschrittlich konzipierten Opel 2 Liter behauptete der Mercedes 200 in der deutschen Produktionsstatistik den zweiten Platz in der dicht besetzten Mittelklasse. Dabei war der 200 durchaus nicht die preiswerteste Alternative in der hart umkämpften 40-PS-Kategorie: Der amerikaorientierte Opel 2 Liter, der sportliche BMW 319, der bildschöne Hansa 1700 und der solide Wanderer W 40 waren zum Teil erheblich billiger. Nur der Adler Favorit und der Audi Front UW lagen in höheren Preisregionen und gerieten durch ihre geringe Verbreitung recht exklusiv. Der Mercedes 200 war in einer außerordentlich breiten Preisskala angesiedelt: Je nach Radstand und Aufbau kostete er zwischen 4950 und 11 500 Mark.

Bis zur Ablösung durch den Typ 230 im Oktober 1936 – der Übergang war durch die Verwendung des 55-PS-Motors statistisch fließend – wurden 15 622 Wagen des Baumusters W 21 mit Zweilitermotor hergestellt, 9281 Exemplare mit Normalradstand und 6341 in der Version lang. Damit hatte der 200 in kürzerer Produktionsspanne eine höhere Stückzahl als der 170 erreicht und auch den altgedienten Stuttgart um eine Nasenlänge geschlagen, um zum erfolgreichsten Daimler-Benz-Personenwagen seiner Zeit zu avancieren. Im Oktober 1933 war der 200 zum Jubilar geworden, als ein Cabriolet dieses Typs als zehntausendster Mercedes-Schwingachswagen die Werkhallen verließ.

In den genannten Stückzahlen nicht enthalten ist ein französischer Ableger des 200. Beim Pariser Salon im Oktober 1933 vergab die Daimler-Benz AG die Lizenz zum Nachbau dieses Typs an die altehrwürdige Firma Delaunay-Belleville in St. Denis, die den Zweiliterwagen – allerdings modifiziert – in kleiner Serie als 11 CV produzierte.

Mercedes 170 (W 15) Cabriolet C 1932 im Besitze eines schwäbischen Liebhabers.

Aus dem Fotoalbum des Mercedes-Benz-Liebhabers

Einige zeitgenössische Aufnahmen aus den dreißiger Jahren und Farbfotos besonderer Liebhaberstücke füllen das »Fotoarchiv« der folgenden Seiten. Alle abgebildeten Fahrzeuge sind Raritäten – Einzelstücke, die selbst in Museen oder auf den großen internationalen Rallies für historische Automobile nur selten zu sehen sind. Die Chancen, einen fünfzig Jahre alten Mercedes-Benz sozusagen zu entdekken, irgendwo auf einem verlassenen Bauernhof, sind indessen heute längst nicht mehr gegeben . . .

AA-LX 3

Auch als Lieferwagen erfreute sich der 170 Sechszylinder großer Beliebtheit. Er führte die Typenbezeichnung L 300 und war für 300 Kilogramm Nutzlast zugelassen. Rechte Seite: Der Stand der Daimler-Benz AG auf der IAMA Berlin 1932.

35
ADOLF
NEUMANN
39
DEUTSCHE
AUTOMOBIL-
41
47
BRUNO
DIETZMANN
44
40
NASH
36
ADOLF
NEUMANN
DEUTSCHE
AUTOMOBILVERMIETUNG

Oben: 320 Cabriolet A 1937. Dieses erstklassig restaurierte Exemplar gehört der Firma Reifen-Wagner.

Rechts: 200 lang 1936. Dieser Wagen wechselte inzwischen von einem britischen zu einem deutschen Liebhaber über.

BTU 237

IIIA 29231

Gegenüberliegende Seite: 500 K Autobahn-Kurier beim Concours d'Elégance in Montreux im Juni 1934.

Oben: Eine 500 K Limousine, aufgenommen bei einem Schönheitswettbewerb 1936 in Paris.

Oben: Mannheim 370 K Cabriolet NC aus dem Jahre 1931. Besitzer dieses Fahrzeugs ist S. Haller in Muttenz. Gegenüberliegende Seite: 320 Cabriolet B 1937. Dieses Auto gehört Ulrich Signer, einem Autoliebhaber in Zürich.

ZH 411790

Oben: 770 (W 150) Cabriolet B mit Sindelfinger Sonderkarosserie aus dem Jahre 1939 vor der Kulisse des Solitude-Schlosses. Gegenüberliegende Seite: 320 Cabriolet A auf großer Fahrt.

IVB-27124

Oben: 540 K Limousine 1936 im Besitze eines amerikanischen Sammlers. Rechts: 290 Cabriolet C 1934. Besitzer: Ernst Dieter Beeh, Stuttgart.

IA-23857
DEKA GIGANT

Gegenüberliegende Seite: 770 Cabriolet D mit Kompressor, Baujahr 1930. Rechts: Auf Deutschlandfahrt mit einem 230 (W 143) Roadster.

№ 0953

Deutsche Reichspost PA Ludwigsburg

.+ st moritz bahnhof 139 36/35 23/8 1825 =

Aufgenommen
Tag Monat Jahr Zeit 23.7.36 9.45
von K durch Mo

Befördert
Tag Zeit
an durch

haid bismarckstr 65
ludwigsburg =

19 mercedesbenz erhielten 18 preise davon eine goldene plakette fuer sechsliter offen ferner 8 silberne 9 broncene plaketten bewertung schaerfer und unfreundlicher als vorjahr telegraphische pressebenachrichtigung unnoetig drahtet ergebnis irland = voelter +

~~65 19 18~~ sechsliter ~~8 9~~ (C 187) — Din 476

Mercedes-Benz 540 K Baujahr 1936. Der Wagen ist ein exzellent restauriertes Sammlerstück.

Oben: Ein Dokument, das keiner näheren Erläuterung bedarf. Derartige Erfolge auf dem Gebiet des Motorsports konnte die Daimler-Benz AG vor dem Kriege jahraus, jahrein vorweisen.

Mit einem nie gekannten Reichtum an Aufbauvarianten hatte man mit diesem Auto ein erfolgreiches Aufsteigermodell für gehobene Ansprüche geschaffen:

Mercedes-Benz 290

Die Teilnahme der Daimler-Benz AG an der IAMA 1933 in Berlin konnte geradezu als Großoffensive gewertet werden. Neben dem biederen 200 und dem sportlichen 380 wurde dort auch erstmals der 290 präsentiert, der wie der 200 einer weiteren Auffächerung des Typenprogramms diente. Als einem Vertreter der gehobenen Mittelklasse fiel ihm einerseits die Rolle zu, eine bürgerliche Dreiliter-Kategorie zu etablieren, andererseits sollte er die auslaufenden Typenreihen Stuttgart 260 und Mannheim zwar nicht ersetzen, aber doch ihr Fehlen kompensieren. Im Hinblick auf den zu erwartenden Wohlstandszuwachs verkörperte der 290 eine Aufstiegsetage vom 170 bis zum 500.
Vom Triebwerk des 290 war nichts Neues zu vermelden. Der Sechszylinder des Baumusters M 18 – eine Weiterentwicklung des Stuttgart-260-Motors (M 11) – blieb ganz im üblichen Daimler-Benz-Klischee seiner Zeit verhaftet, mit langhubiger Auslegung, stehenden Ventilen und einem Steigstromvergaser der Solex-Type 35 FVLS. Die Kurbelwelle lief hier allerdings in sieben Weißmetallagern. Bei 3200 U/min gab der 2,9-Liter-Motor 60 PS ab, die auch als Dauerleistung zur Verfügung standen. Die Kraftstoffversorgung erfolgte mittels Membranpumpe aus dem im Wagenheck angeordneten 56-Liter-Tank. Im Gegensatz zu den kleineren Sechszylindern verfügte der 290 über eine 12-Volt-Licht- und Zündanlage.
Im Juni 1935 wurde die Motorleistung durch Verwendung eines Solex-Vergasers des Baumusters 35 BFLV, einen modifizierten Ansaug- und Auspuffkrümmer und Anheben der Verdichtung von 6,0:1 auf 6,6:1 bei unveränderter Nenndrehzahl auf 68 PS gesteigert. Die Literleistung erhöhte sich dadurch von 20,9 auf 23 PS. Eine flachere Ölwanne, die jetzt ein gesondertes, mit dem Kurbelgehäuse verschraubtes Bauteil darstellte, bedingte eine geänderte Ölpumpe.

Gegenüberliegende Seite: 290 lang Cabriolet F. Oben links: Frontansicht der 290 Limousine lang des Jahrgangs 1934. Oben rechts: Der gleiche Wagen von hinten.

Die Kraftübertragung – Einscheibentrockenkupplung, Schnellganggetriebe und ungeteilte Gelenkwelle – lag ebenfalls auf der üblichen Untertürkheimer Linie. Mit der Einführung des 68-PS-Motors griff man indessen zu einem konventionell gestuften Vierganggetriebe, dessen vierte Schaltstufe als direkte Übertragung fungierte.
Auch die Rahmenkonstruktion war mit der des Typs 200 eng verwandt: Die geschlossen im Kastenprofil ausgeführten Längsträger waren durch sechs Quertraversen verbunden. Die Zweigelenk-Pendelachse wies wie beim 200 pro Achshälfte zwei Schraubenfedern auf. Dazu kamen zwei waagrecht unter dem Differentialgehäuse angeordnete Ausgleichsfedern in Spiralform, die einer zu heftigen Sturzänderung der Hinterräder – vor allem bei voller Belastung des Wagens – entgegenwirkten.
Bei der Führung der Vorderräder hatte man wiederum neue Wege beschritten und die Einzelradaufhängung des 170 bzw. 200 für den 290 wirkungsvoll modifiziert: Die obere Querblattfeder wurde durch zwei Schwinghebel – heute würde man sie als Querlenker bezeichnen – ersetzt, die jeweils auf eine vertikale Schraubenfeder drückten. Die untere Querfeder wurde belassen.

Im Herbst 1934 erschien – synchron zum 200 lang – eine Modellreihe des 290 mit verlängertem Chassis. Diese Versionen besaßen durch die beträchtliche Streckung des Radstandes um 42 Zentimeter einen veränderten Charakter. In der Fachpresse wurde der 290 lang zuweilen als Repräsentationswagen bezeichnet, da diese Ausführung eine adäquate Basis für sehr ansehnliche Aufbauten darstellte. Natürlich wurde die Antriebsuntersetzung der Fahrzeugmasse angepaßt: Sie erfuhr beim 290 lang eine »Verkürzung« von 5,77:1 auf 6,12:1 gegenüber der Normalversion.
Kein zweiter Mercedes-Personenwagen bot eine derart umfangreiche Palette von serienmäßigen Werksaufbauten wie der 290. Die Preisliste des Jahres 1936 verzeichnete nicht weniger als 16 verschiedene Karosserien auf beiden Radständen! Im Styling zeigte der 290 anfangs unverkennbare verwandtschaftliche Züge zu den kleineren Modellen.

Besonders die viertürige Normallimousine war durch ihren Perpendikularstil mit einem Hauch von Vintage-Ära behaftet. Hauptunterschied zum 170 und 200 waren in erster Linie die Ersatzräder, die – außer bei den Zweisitzern – in den Vorderkotflügeln ruhten.

Auf dem normalen Fahrgestell gab es zunächst fünf verschiedene Aufbauten: Die viertürige Limousine mit sechs Seitenfenstern besaß ebenso wie der viersitzige, viertürige Tourenwagen und das viertürige Cabriolet D statt eines Außenkoffers eine zusammenklappbare Gepäckbrücke. Durch den längeren Wagenkörper wiesen diese Versionen so einen generös bemessenen hinteren Fußraum auf. Das zweitürige Cabriolet B mit vier voll versenkbaren Fenstern besaß einen recht organisch gestalteten Kofferraum, der von innen und außen zugänglich war. Das etwas preisgünstigere Cabriolet C hatte ebenfalls zwei Türen, aber keine hinteren Seitenfenster. Bei der IAMA 1935 wurde ein bildschönes Cabriolet A vorgestellt, das in seiner Linienführung stark an den verblichenen Mannheim 370 Sport erinnerte (und heute nicht selten mit diesem verwechselt wird), ohne jedoch dem Styling vom Leistungspotential her gerecht zu werden. Die einzige sportliche Konzession unter dem Blech betraf ein enger gestuftes Getriebe. Eine überlange Motorhaube, gestreckte Kotflügel, die in sanfter Schweifung ins Trittbrett übergingen, und die doppelte Ersatzrad-Halterung am Stummelheck machten ein Verwechseln mit dem 370 S erklärlich, zumal die Radstände beider Typen gar nicht so weit auseinanderlagen.

Der 290 lang war zu Beginn der Serie mit vier verschiedenen Karosserien lieferbar. Der größere Radstand bot sich begreiflicherweise für formelle sechs- bis siebensitzige Aufbauten an: Die Pullman-Limousine und der offene Tourer besaßen mangels Außenkoffer besonders großzügige Abmessungen des Interieurs. Das Cabriolet D war dagegen mit einem separaten Gepäckabteil versehen und wies vier Sitzplätze auf. Ein Cabriolet B mit ungewohnt generösem Raumangebot vervollständigte fürs erste das Programm. Zur IAMA 1935 wurden für den 290 lang fünf weitere Aufbauversionen ins Lieferprogramm aufgenommen: Die viertürige Limousine mit vier Seitenfenstern, in der offiziellen Verkaufsliteratur als Spezial-Innenlenker und als Chauffeurwagen bezeichnet, wirkte durch den im Verhältnis zum Radstand optisch

Gegenüberliegende Seite, obere Reihe: Eine 290 Limousine und ein Cabriolet B, beide 1933. Untere Reihe: 290 lang Pullman-Limousine mit abnehmbarem Koffer, Jahrgang 1936, sowie ein Cabriolet C auf Normalradstand, Sonderausführung von 1934.

Rechts: 290 lang Cabriolet B 1935. Mitte: 290 lang Tourer von 1935 und ein 290 Cabriolet C 1937. Unten: Ein 290 lang Cabriolet D 1936.

zu kurz bemessenen Fahrgastraum etwas unproportioniert. Dagegen stellte das ebenfalls neue Cabriolet A mit seiner fließenden Linienführung ein ausgesprochenes Gustostückerl dar. Die Stromlinienlimousine mit keilförmiger Windschutzscheibe, vollverkleideten Hinterrädern und einer angedeuteten Stabilisierungsflosse auf dem schnellen Rükken war wohl im Hinblick auf das in stetiger Erweiterung befindliche Netz der Reichsautobahnen entstanden, dürfte es kaum auf nennenswerte Stückzahlen gebracht haben. Wie differenziert die Modellpalette des 290 ausgearbeitet wurde, zeigen gleich zwei sechs- bis sieben-

Rechts: Mercedes 290 lang Cabriolet A, zwei bis drei Sitze, 1936. Unten: 290 lang Stromlinien-Limousine 1936, ein damals wenig gefragtes Modell.

sitzige Cabriolets der Bauart F: Die Version F/S (S für Sindelfingen), auch als Pullman-Cabriolet benannt, wies ein konservativ-steifes Styling auf, während die Ausführung F/M (M für den Produktionsort Mannheim) als Universalcabriolet bezeichnet wurde und mit einer weicheren Silhouette formal an die Baureihe 500 erinnerte. Im Jahre 1936 wurde diese Vielfalt noch angereichert, als ein rassiger zweisitziger Roadster erschien, der mit umklappbarer Windschutzscheibe und ausgeschnittenen Türen sportives Flair bezeugte und über zwei Notsitze nach »Schwiegermutterart« im langen Heck verfügte.
Heutigen Chronisten fällt es schwer, Klarheit in das Verwirrspiel der diversen Aufbauvariationen des Typs 290 zu bringen. Beispielsweise waren bei der Pullman-Limousine und bei den F-Cabriolets die Türen von Mal zu Mal in den verschiedensten Kombinationen angeschlagen. Zur weiteren Konfusion trägt die Tatsache bei, daß auf einigen Schwingachs-Fahrgestellen des 290 lang in den Jahren 1936/37 werksseitig zuweilen auch Aufbauten des Typs 500 alias Nürburg montiert wurden. Ausnahmen bestätigen die Regel – dieser weise Spruch läßt sich besonders auf die Untertürkheimer Erzeugnisse der Vorkriegsjahre anwenden.
Die Fachkritiker jener Tage zeigten sich vom 290 durchwegs angetan. Das überarbeitete Vollschwingachs-Fahrwerk bot bei ausgezeichnetem Fahrkomfort auf der Straße Überdurchschnittliches. Die hohe Fahrsicherheit, für die auch die günstige Schwerpunktlage und die ausgeglichene Gewichtsverteilung verantwortlich zeichneten, machte das Manko des zumindest in der ersten Phase wenig kraftvoll geratenen Motors wieder wett. Mit 60 PS war der schwere Wagen – bereits die Normallimousine wog mehr als anderthalb Tonnen – unzureichend motorisiert. Der 290 lang, der mehr als 1800 Kilogramm auf die Waage bringen konnte, gab sich noch schwerfälliger. Eine zeitgenössische Prüfung erbrachte eine Beschleunigungszeit von 31 Sekunden bis zum Erreichen von 80 km/h aus dem Stand und eine Spitzengeschwindigkeit von 100 km/h für den 290 lang. Die entsprechende Werkangabe für die Normalversion lautete auf 108 km/h. Der Testverbrauch von 20 Liter für 100 Kilometer Fahrstrecke zeigte, daß eigentlich wenig Kraftreserven in dem Triebwerk steckten. Die 68-PS-Ausführung beschleunigte in 27 Sekunden auf 80 km/h, während die Höchstgeschwindigkeit mit 109 km/h ermittelt wurde.

Das vorwiegend behäbige Temperament hinderte den 290 nicht daran, sportlichen Lorbeer zu erringen: Bei der Internationalen Alpenfahrt 1933 belegten drei privat gemeldete Wagen mit den Fahrern Bernet, Hirte und Kappler den zweiten Rang in der Teamwertung. Im April 1935 brillierte der 290 bei der Ostpreußenfahrt mit einem Klassensieg. Von diesem Jahr an beschränkte sich das Wettbewerbs-Engagement dieses Typs auf mehr militärisch ausgerichtete Aktivitäten.
Zu überzeugen wußte der 290 vor allem mit seiner außerordentlichen Solidität und gediegenen Verarbeitung, denn sowohl von seinen Fahrleistungen als auch von seinem Preisniveau her erschien er bei flüch-

tiger Betrachtung der Vergleichszahlen nicht unbedingt konkurrenzfähig. Die Normalversion des 290 kostete zwischen 7950 Mark (Limousine) und 11 000 Mark (Cabriolet A), der 290 lang zwischen 9500 Mark (Limousine) und 13 000 Mark (Cabriolet A und Roadster). Betrachtet man diese Preise in Relation zu denen der in Radstand, Raumangebot und Hubraum vergleichbaren Wagen auf dem deutschen Markt, liegt die Vermutung nahe, daß der Adler Standard 6 und sein Nachfolger Diplomat (6250 bzw. 6750 Mark), der schnelle Ford V8 (fast 140 km/h mit 90 PS, 5685 Mark) und der ebenfalls achtzylindrige Horch 830 bzw. 830 B (7500 bzw. 7750 Mark) auf dem Papier den scheinbar günstigeren Gegenwert boten. Die noch vereinzelt angebotenen geräumigeren und leistungsfähigeren amerikanischen Wagen wie der Nash 400, der Chrysler Six oder der Buick 41 kosteten ebenfalls weniger als 8000 Mark. Aber nüchterne Zahlen sind nicht die einzigen Argumente, die zählen. Die unbestrittenen Qualitäten des 290 ließen ihn der Stückzahl nach knapp hinter dem Ford V8 Rang zwei in seiner Klasse einnehmen. Mit 7495 gefertigten (zivilen) Wagen verwies der 290 fast alle Mitbewerber deutlich auf die Plätze.

Oben und Mitte: Mercedes Kübelsitzer auf Basis des 290; Aufbauten von Trutz, Coburg. Solche Wagen wurden 1934 bis 1937 gebaut.

Unten: Die hintere Schwingachss des 290 mit der Ausgleichsfeder.

Modell	290 (W 18)	290 lang (W 18)
Produktionszeit	Februar 1933 – Mai 1937	Oktober 1934 – Mai 1937
Motor	Reihen-Sechszylinder M 18, ab Juni 1935 M 18 II	
Bohrung/Hub/ccm	78 × 100; 2847 ccm (eff. 2867 ccm)	78 × 100; 2847 ccm (eff. 2867 ccm)
Verdichtung	1:5,75 bis 1:6,0, ab 6/1935 1:6,6 bis 1:8,4	
Leistung	60 PS bei 3200 U/min, ab 6/1935 68 PS bei 3200 U/min	
Ventile, Steuerung	sv, 1 seitl. Nockenwelle	sv, 1 seitl. Nockenwelle
Schmierung	Druckumlauf	Druckumlauf
Kühlung	Wasser, Pumpe	Wasser, Pumpe
Vergaser	1 Steigstrom Solex 35 FVLS, ab 6/1935 Solex 35 BFLV	
Elektrik	12 Volt 45 Ah	12 Volt 45 Ah
Kupplung	Einscheiben-Trockenkupplung	Einscheiben-Trockenkupplung
Getriebe	4-Gang (m. Schnellgang), ab 6/1935 4-Gang ohne Schnellgang	
Lenkung	Schraubenspindel	Schraubenspindel
Fußbremse	hydraulisch, Trommel	hydraulisch, Trommel
Handbremse	mechanisch, Hinterräder	mechanisch, Hinterräder
Chassis	Preßstahl-Kastenrahmen	Preßstahl-Kastenrahmen
Radstand; Spur v/h	2880; 1435/1480 mm	3300; 1435/1480 mm
Gesamtabmessungen	4370 × 1730 × 1640 mm ab 6/1935:4440 × 1750 × 1690 mm	4780 × 1730 × 1660 mm ab 6/1935:4850 × 1740 × 1650 mm
Bereifung	6.00 – 17 Aero oder 6.50 – 17	6.00 – 17 Aero oder 6.50 – 17
Tankinhalt	56 Liter	56 Liter
Leergewicht	1550 kg (Lim.)	1850 kg (Lim.)
Höchstgeschwindigkeit	108 km/h	105 km/h
Stückzahlen	3566	3929
Preise	Limousine 4t. RM 7 950 Tourenwagen 4t. RM 9 500 Cabriolet C RM 9 300 Cabriolet B RM 9 500 Cabriolet B (ab 1936) RM 9 600 Cabriolet D RM 9 700 Cabriolet A RM 11 000	Limousine 4t. RM 9 500 Pullman-Limousine RM 9 900 Tourenwagen 4t. RM 9 900 Cabriolet B RM 11 500 Cabriolet D RM 11 900 Cabriolet F RM 12 800 Cabriolet A (ab 1936) RM 13 000 Roadster (ab 1936) RM 13 000

Das größte und teuerste Modell aus Untertürkheim nach den in geringen Stückzahlen gebauten Kompressortypen W 129 und W 150 war der W 142:

Mercedes-Benz 380

Dritter im Bunde der auf der mit Daimler-Benz-Novitäten reichlich bestückten IAMA 1933 war der Typ 380, der in vieler Hinsicht vom üblichen Mercedes-Bild abwich und eine Ära hochkarätiger Sportfahrzeuge neuer Prägung einläutete. Man kann beim 380 jedoch nicht von einer abrupt entstandenen Neuentwicklung sprechen.

Parallel zu jenem aufregend schönen Mannheim 370 S, diesen aber mehr und mehr ersetzend, wurden in den Jahren 1932/33 in geringen Stückzahlen zwei Derivate gebaut, die man wohl als Versuchsmuster einstufen muß. Beide Modelle entstanden auf dem Radstand des Basistyps W 10 (3200 Millimeter), verfügten über einen Tiefrahmen, der bereits im steiferen Kastenprofil ausgebildet war. In der Linienführung der ausschließlich lieferbaren Cabrioletaufbauten waren diese Wagen weitgehend mit den 370 S identisch, nahmen aber bereits Stilelemente des W 22 – z. B. den geneigten Spitzkühler – vorweg.

Der in 94 Einheiten gebaute Mannheim 380 S, der noch den Baumuster-Code W 10 trug, war mit einem bemerkenswerten Triebwerk ausgerüstet: Unter der langen Motorhaube verbarg sich ein seitengesteuerter Reihenachtzylinder mit neunfach gelagerter Kurbelwelle, 3820 ccm Hubraum und einer Leistung von 80 PS. Diese Maschine (M 19) war im bewährten Baukastensystem gleichzeitig mit dem 2,9-Liter-Sechszylinder des Typs 290 entwickelt worden und wies bis auf die Ergänzung um zwei weitere Zylindereinheiten die gleiche Konstruktion und übereinstimmende Innenabmessungen auf. Die gegenüber dem 370 S leicht erhöhte Motorleistung wurde durch das höhere Wagengewicht mehr als absorbiert, mit überschäumendem Temperament war nicht zu rechnen. Der Mannheim 380 S hatte als Interimsmodell die Starrachsbauweise seines Halbbruders 370 S und dessen mechanische Bremsen übernommen.

Fraglich ist, ob auch der zweite 3,8-Liter-Vorserientyp offiziell ausgeliefert wurde. Diese ebenfalls als 380 S bezifferte Version führte den Namen Mannheim nicht mehr und erhielt die neue Baumusterchiffre W 19, zumal sich hier auch die Konzeption des Fahrwerks deutlich vom 370 S abhob. Der W 19 wies ringsum unabhängig abgefederte Räder auf: Vorne waren sie einzeln mittels Querlenker und Querfeder à la 290 aufgehängt, hinten besaß der Wagen eine Pendelachse mit Doppelschraubenfedern. Die Bremsen wurden hydraulisch betätigt. Unschwer ist zu erkennen, daß der W 19 mit diesen Details als rollendes Versuchslabor für den fast serienreifen 2,9-Liter-Typ diente. Der Motor, der durch eine geringfügig erhöhte Verdichtung nun 85 PS leistete und den Code M 19 II trug, konnte dem progressiv konzipierten Fahrwerk kaum gerecht werden. Die 20 fertiggestellten Exemplare des Baumusters W 19 dürften im Werksbesitz verblieben sein.
Diese beiden Typenreihen blieben auch zu ihrer Zeit weitgehend unbekannt. Sie tauchen weder in zeitgenössischen Typentafeln noch in Preislisten auf, Verkaufsprospekte scheinen nicht existiert zu haben, ebenso wurde kaum geeignetes Fotomaterial überliefert. Deshalb sollte man die Existenz dieser Wagen zwar nicht in Frage stellen, diese

Gegenüberliegende Seite: 380 Cabriolet B 1933. Oben: 380 in Sonderausführung als viertürige Limousine, im Oktober 1933 von Baur, Stuttgart, karossiert.

aber auch nicht überbewerten, zumal sich die Daimler-Benz-Produktionsstatistik aus jenen Jahren als nicht immer zuverlässig erwiesen hat. Das gilt um so mehr für einen weiteren Vorreiter des 380, den W 20 mit 80-PS-Motor, von dem angeblich 14 Wagen gebaut wurden.
Das im Februar 1933 in Berlin präsentierte Serienmodell 380 mit der Codebezeichnung W 22 wich von diesen Vorserienausführungen dann doch erheblich ab. Den Motor, der nun die Baumusterziffer M 22 trug, hatte man einer vielfältigen Leistungskur unterzogen: Der in vier Punkten aufgehängte Graugußblock war im wesentlichen, auch in seinen Zylinderabmessungen, unverändert geblieben, die gewuchtete Kurbelwelle drehte sich jedoch nur noch in fünf Weißmetallagern, wies aber einen progressiv wirkenden Schwingungsdämpfer auf. Wie üblich war die Leichtmetallölwanne verrippt ausgeführt und diente somit als Wärmeaustauscher zur Kühlung der acht Liter Motoröl. Dagegen hatte man der 3,8-Liter-Maschine einen völlig neuen Zylinder-

kopf aufgesetzt: Die Ventile waren in einer Reihe hängend angeordnet und wurden von der seitlichen Nockenwelle durch lange Stoßstangen betätigt. Die beim 380 S noch verwendete Zwillingsanordnung zweier Solex 35 MMOVS war einem Spezial-Doppelvergaser eigener Fertigung gewichen. Dieses aufwendig konzipierte Gaswerk sorgte für getrennte Gemischaufbereitung für jeweils vier Zylinder, war mit einer Beschleunigerpumpe ausgerüstet und verfügte über eine automatische Startvorrichtung. Das modernisierte Triebwerk leistete bei einer Verdichtung von 6,0:1 bescheidene 90 PS, die bei unverändert 3200 U/min abgegeben wurden. Auf Wunsch gab es beim 380 ein Roots-Gebläse; wie beim 770 war dem auspuffseitig horizontal angeordneten Kompressor ein wirkungsvoller Ansauggeräuschdämpfer vorgebaut, der die Wagen erheblich weniger aggressiv als etwa den S oder SSK tönen ließ. Die im Volksmund »Kompressorrohre« geheißenen, verrippt ummantelten Krümmerrohre suchte man beim 380, auch der aufgeladenen Version, vergebens – hier verlief nur ein einziges Sammelrohr unauffällig innerhalb der Motorhaube. Dadurch ergab sich ein äußerliches Unterscheidungsmerkmal zum ähnlich aussehenden Nachfolger 500 K.

Der Motor M 22 leistete bei Laderbetrieb kurzzeitig 120 PS bei 3400 U/min. Die spezifische Leistung von 31,4 PS pro Liter Hubraum reflektiert deutlich den seinerzeitigen Stand des Motorenbaus, insbesondere der Werkstofftechnik. Aber 1933 galten noch andere Maßstäbe, und das Leistungsvermögen des 380 war dazu angetan, »selbst hochgespannte Erwartungen zu übertreffen«, wie im Verkaufsprospekt zu lesen war!

Angesichts eines Leergewichts von knapp zwei Tonnen, aus dem ein Leistungsgewicht von 16 kg/PS resultierte, wirkt diese Behauptung – selbst wenn man sich in die damalige Sichtweise versetzt – doch etwas zu hoch gegriffen. Der seit 1929 gebaute und im Preis vergleichbare Bugatti 46 leistete mit acht Zylindern und 5,4 Liter Hubvolumen als Saugmotor 140 PS, ab 1931 mit Kompressor 160 PS und war etwas leichter. Vergleiche wie dieser wurden dem Untertürkheimer Werk von der Kundschaft offen vorgetragen. Als Konsequenz entschloß man sich bereits im Sommer 1933, für den 380 eine dritte Motorenvariante anzubieten: Dieses unter dem Code M 22 K gefertigte Triebwerk wies einige Modifikationen am fest integrierten Roots-Gebläse auf, die den Ladedruck erhöhten. Durch die verbesserte Füllung stieg die Motorleistung auf 140 PS, die bei nunmehr 3600 U/min kurzzeitig zur Verfügung standen. Die Literleistung von 36,6 PS gab dabei noch nicht zu Bedenken Anlaß, zumal der Output bei Saugbetrieb unverändert blieb. Wenn dieser Motor auch das Suffix K für Kompressor trug – einen 380 K gab es nie. Offensichtlich analog zum 500 K und 540 K hat sich allerdings bei verschiedenen Autoren und selbst in neueren Publikationen der Daimler-Benz AG diese Bezeichnung eingebürgert, zuweilen sogar (fälschlicherweise) mit der Interpretation »kurz« belegt.

In der Produktionsstatistik des Werkes wird die 140-PS-Version mit einer weiteren Abart des 380 verwechselt, die den Motor M 22 K ab Reihenbestellnummer 102 204 im Jahre 1934 ablöste und in geringen Stückzahlen produziert wurde. Unter der Chiffrierung M 22 I wurde damit eine vierte Triebwerksvariante geliefert, deren Hubraum durch Vergrößern der Bohrung um zwei Millimeter auf vier Liter angewachsen war. Die Maximalleistung mit Kompressor erhöhte sich vergleichsweise geringfügig auf 144 PS. Bei einer in derart winzigen Serien gebauten Type wie dem 380 erzeugt die Vielzahl an Motorausführungen unweigerlich Konfusion. Rechnet man noch die Vorserienmodelle der Reihen W 10, W 19 und W 20 hinzu, ist das chronistische Chaos komplett.

Ein weiteres ungewöhnliches Baudetail aller vier W 22-Motoren war der Bosch-Lichtbatteriezünder der Type RKVG 8, eine spannungsregelnde 130-Watt-Lichtmaschine mit eingebautem Zündverteiler.

Die Baureihe W 22 verfügte über ein Halbsynchrongetriebe mit integriertem, pneumatisch geschaltetem Schnellgang, der im Verhältnis 1:0,76 rückübersetzt war. Mit Einführung des Vierlitermotors W 22 I im Jahre 1934 wurden die einzelnen Gänge des Vierganggetriebes etwas weiter gestuft, der erste Gang und der Rückwärtsgang erhielten kürzere Übersetzungen.

Der äußerst kräftig konstituierte Preßstahl-Niederrahmen mit Längsträgern im Kastenprofil war über der Hinterachse stark gekröpft und schien eher für einen Lastkraftwagen denn für ein sportlich orientiertes Fahrzeug geschaffen zu sein. Die in offiziösen Quellen zuweilen abweichenden Angaben für den Radstand des 380 führten nahezu zu

Gegenüberliegende Seite: 380 Cabriolet B im Besitz eines Stuttgarter Sammlers.

Rechts: 380 mit Sonderkarosserie von Autenrieth, Darmstadt, aus dem Jahre 1934. Unten: Ebenfalls 1934 entstand in Sindelfingen dieses Cabriolet B.

einem Streit unter Gelehrten. Nach eingehenden Recherchen kommt der Verfasser zu dem Schluß, daß alle Wagen dieses Typs den gleichen Achsabstand von 3140 Millimeter aufwiesen. Bei dem auch in Veröffentlichungen des Werks zitiertem Maß von 3200 Millimeter dürfte es sich um eine unkritisch übernommene Aufgabe aus dem Projektstadium des Wagens handeln.

Die Pendel-Hinterachse des 380 mit dem am Chassisquerträger in Gummi gelagerten Antriebsgehäuse war bauartgleich mit der des Typs 290. Dagegen stellte die Vorderradaufhängug das wohl interessanteste Bauteil dar: Natürlich wurden auch hier die Vorderräder unabhängig geführt und gefedert, Änderungen der Vorderachsgeometrie aber auf ein Mindestmaß beschränkt. Die Querblattfederung war völlig weggefallen. Für die Radführung und die Aufnahme von Seiten- und Bremsschubkräften waren elastisch gelagerte Doppelquerlenker in Form von Dreiecken mit breiter Basis zuständig, von denen die kürzeren oben, die längeren unten am Rahmen angelenkt waren. Dieses Achsschenkeltrapez stützte sich von unten her gegen eine zwischengelagerte, oben am Rahmen fixierte Schraubenfeder ab, die praktisch eigendämpfungsfrei wirkte und dadurch auch kleine Fahrbahnstöße absorbieren konnte. Der Federweg wurde durch in beiden Richtungen progressiv wirkende, hydraulische Hebelstoßdämpfer des amerikanischen Fabrikats Gabriel begrenzt.

Bei dieser Konzeption konnte die Radebene eine Parallelogrammverschiebung mit mäßiger Spuränderung vollziehen. Sturz und Nachlauf blieben dabei konstant. Dank der geteilten Führungselemente vermochte man den Motor im Chassis weiter nach vorne, bis über das Radzentrum zu versetzen – für langbauende Achtzylinder ohne Zweifel mit günstigem Effekt auf die Bemessung des Radstandes. In der

Praxis bot dieses automobiltechnische Novum tatsächlich nie zuvor gekannte Fahreigenschaften. Auch bei niedrigen Geschwindigkeiten schlich der 380 völlig erschütterungsfrei über Holperstrecken. Die Lenkung erwies sich – auch ohne aufwendige Dämpfung – als gänzlich stoßfrei. Auch in höheren Geschwindigkeitsbereichen zeigte der 380 ein phantastisches Fahrverhalten, das nicht zuletzt auch auf der niedrigen Schwerpunktlage des Wagens beruhte. Dabei wurde offenkundig, daß im Fahrwerk noch einige Reserven steckten. Kein Wunder, daß diese Einzelradaufhängung auch in superschnellen Grand-Prix-Rennwagen wie dem W 25 und dem W 125 Verwendung fand und im Prinzip weit mehr als vierzig Jahre lang beibehalten wurde.

Im Gegensatz zu den Vorserientypen wies der 380 analog zu den kleineren Modellen hydraulische Bremsen auf, die durch ein Bosch-Dewandre-Servoaggregat der Type SG 100 unterstützt wurden. Die

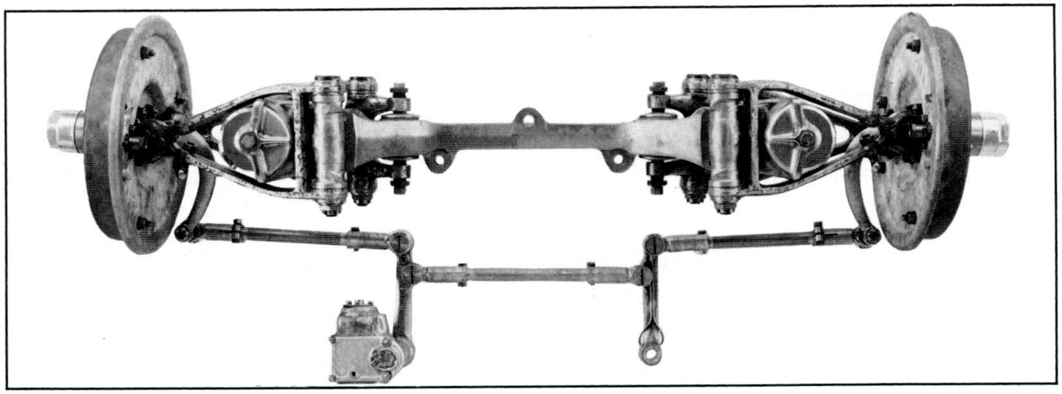

Obwohl diese beiden Cabriolets B im gleichen Monat entstanden (August 1933), weichen sie doch in Details voneinander ab – Kennzeichen der Kleinserien-Produktion. Oben rechts: Vorderradaufhängung und Lenkung des 380.

Modell	380 (W 22)	380 (W 22)
Produktionszeit	Februar 1933 – Mai 1934	Februar 1933 – Mai 1934
Motor	Reihen-Achtzylinder M 22 a. W. mit Kompressor	Reihen-Achtzylinder M 22 K/M 22 I mit Kompressor
Bohrung/Hub/ccm	78 × 100, 3820 ccm	78 × 100; 3820 ccm ab 1/34: 80 × 100; 4019 ccm
Verdichtung	6,0:1 (mit Kompr. 5,54:1)	5,54:1
Leistung	90 PS bei 3200 U/min ohne Kompr. 120 PS bei 3400 U/min mit Kompr.	140 PS (ab Jan. 1934:144 PS) b. 3600 U/min
Ventile, Steuerung	ohv, 1 seitl. Nockenwelle	ohv, 1 seitl. Nockenwelle
Schmierung	Druckumlauf	Druckumlauf
Kühlung	Wasser, Pumpe	Wasser, Pumpe
Vergaser	1 Doppel-Steigstrom Mercedes	1 Doppel-Steigstrom Mercedes
Elektrik	12 Volt 60 ah	12 Volt 60 Ah
Kupplung	Einscheiben-Trockenkupplung	Einscheiben-Trockenkupplung
Getriebe	4-Gang (m. Schnellg.)	4-Gang (m. Schnellg.)
Lenkung	Schraubenspindel	Schraubenspindel
Fußbremse	hydraul., Trommel, Servo	hydraul., Trommel, Servo
Handbremse	mechan., Hinterräder	mechan., Hinterräder
Chassis	Preßstahl-Kastenrahmen	Preßstahl-Kastenrahmen
Radstand; Spur v/h	3140, 1435/1480 mm	3140, 1435/1480 mm
Gesamtabmessungen	4725 × 1730 × 1620 mm	4725 × 1730 × 1620 mm
Bereifung	6,50 – 17	6,50 – 17
Tankinhalt	85 Liter	90 Liter
Leergewicht	1920 kg (Cabr. o. Kompr.)	2100 kg (Cabr.)
Höchstgeschwindigkeit	130 km/h m. Kompr.	137 km/h
Stückzahlen	60	94
Preise	Alle Versionen RM 19500 Fahrgestell RM 13000	

Drahtspeichenräder mit Rudge-Naben waren mit Ballonreifen der Dimension 6.50–17 bestückt.

Die Baureihe W 22 war mit einer Reihe bestechend schöner Aufbauten lieferbar, wobei der Katalog der Werkskarosserien wegen der eingeschränkten Verwendungsmöglichkeiten des Wagens natürlich bei weitem nicht an den des 290 heranreichte. Drei Cabriolets standen zur Auswahl: Das Cabriolet A trug zwei Ersatzräder am Wagenheck.

Die viertürige Limousine und der viersitzige, zweitürige Tourenwagen mußten notgedrungen – hier besaß ein optimiertes Innenraumangebot Priorität – auf ein gesondertes Gepäckabteil verzichten. Hinter dem etwas längeren Aufbau war deshalb eine klappbare Kofferbrücke angebracht.

Da das betriebsfertige Fahrgestell auch für 13 000 Mark separat erhältlich war, schufen natürlich namhafte Karossiers weitere Spielarten des 380, z. B. Baur in Stuttgart eine viertürige, sechsfenstrige Limousine mit angesetztem Kofferraum und Autenrieth in Darmstadt ein voluminöses zweifenstriges Cabriolet.

Der Wabenkühler war durch eine leicht schräggestellte, nach bester Daimler-Manier deutlich keilförmige Maske verkleidet. Die Motorhaube wies seitlich eine lange Reihe vertikaler Lüftungsschlitze auf, bei den Roadstern waren diese Öffnungen jeweils zweireihig ausgeführt. In der Mitte der Lampenstange saß die serienmäßige Nebelleuchte. Die Vorderkotflügel besaßen – außer bei den Zweisitzern – seitliche Schürzen und gingen in breite Trittbretter über. Im Innenraum hatte man mit bester Ausstattung nicht gegeizt: Die Türen wiesen Armlehnen auf, die offenen Versionen besaßen Ledersitze, die Rückenlehnen der Vordersitze konnten während der Fahrt in ihrem Neigungswinkel verstellt werden. Die Windschutzscheiben waren – außer bei den Roadstern – ausstellbar ausgeführt. Das Armaturenbrett ließ hinsichtlich seiner Bestückung keinerlei Wünsche offen: Eine zentrale Instrumententafel umfaßte Tachometer und Tourenzähler mit großen Skalen sowie Fernthermometer, Öldruckmesser, Achttageuhr und eine elektrisch gesteuerte Brennstoffanzeige. Unter dem Armaturenbrett war der Betätigungshebel des Dreiwegehahns angeordnet, mit dem die Kraftstoffzufuhr abgestellt oder auf die sechs Liter umfassende Reservemenge umgeschaltet werden konnte.

Die Fahrleistungen des 380 riefen weniger bei der Fachpresse als bei einem Teil der »schnellen« Kundschaft des Untertürkheimer Hauses Enttäuschung und herbe Kritik hervor. Posthum wurde dem 380 von namhaften Fachschriftstellern sogar Trägheit konzediert. Dabei war

Das Fahrgestell des Mercedes-Benz 380.

Oben: 380 Cabriolet A, 1935 noch nach dem offiziellen Produktionsende hergestellt. Rechts: 380 als Roadster aus Sindelfinger Produktion, Oktober 1933.

offensichtlich die Mentalität dieses Wagens verkannt worden, der niemals ein Sportwagen sein sollte und vom Werk als »schneller Reisewagen mit sportlicher Note und gebrauchspraktischen Vorzügen« – so ein Prospekttext – propagiert wurde. Noch heute werden die Kompressorwagen der Modelle 380, 500 K und 540 K gerne als Sportwagen apostrophiert. Hier tut wohl eine Rückbesinnung auf den von den Briten eindeutig definierten Sportwagenbegriff not. Diese Wagen aus Untertürkheim waren niemals auch nur in Hintergedanken an kompromißlos schnelles Fahren oder gar für Wettbewerbseinsätze konzipiert worden. Ihre Aufgabe bestand darin, ihre Eigner bei optimalem Komfort und luxuriöser Ausstattung in angemessen kurzer Zeit möglichst ermüdungsfrei zum Zielort zu befördern, wobei man das im Entstehen begriffene Netz der Reichsautobahnen im Auge hatte. In dieser Funktion bewährte sich der 380 ausgezeichnet.

Der 380 mit dem kompressorlosen Motor erreichte eine Höchstgeschwindigkeit von 121 km/h, mit dem Lader waren 130 km/h möglich. Die 140-PS-Ausführung lief laut Meßprotokoll 137 km/h. Auf einem Überlieferungsfehler dürfte dagegen die heute werksseitig angegebene, wenig glaubhafte Spitze von 160 km/h für das Modell 1934 beruhen. Für die Vierliter-Version gelten 140 km/h als realistischer Wert, ebenso eine Beschleunigungszeit von 20 Sekunden, um aus dem Stand 100 km/h zu erreichen. Das waren durchaus akzeptable Meßdaten, wenn auch das Chassis zugegebenermaßen noch »schneller« als der Motor war, wie die Weiterentwicklungen zeigten. Für betuchte

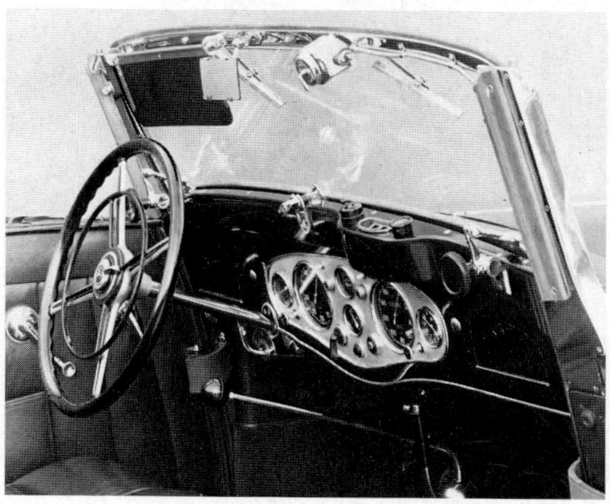

Oben: Eine weitere Variante des 380 Roadster mit Werkskarosserie, ebenfalls vom Oktober 1933.

Links: Instrumente des 380. Unten: Ein 380 erhält seine Startnummer zur 2000-Kilometer-Fahrt durch Deutschland 1934.

Klienten des Hauses, die es heißer wollten, befand sich übrigens selbst 1934 noch der antiquierte 710 SS im Daimler-Benz-Lieferprogramm – ein mächtiges Gebilde von brutaler Schönheit, mit einer tüchtigen Portion wagnerianischen Flairs.
Trotz seines klar auf »soft« programmierten Charakters kam der 380 zu sportlichem Lorbeer: Bei der 2000-Kilometer-Fahrt im Juli 1934 erreichte ein von Max Prinz zu Schaumburg-Lippe privat gemeldetes Exemplar strafpunktfrei das Ziel.
Die Preisliste für den 380 ist schnell wiedergegeben – alle Serienversionen kosteten einheitlich 19500 Mark. Diese Summe wird erst in ihrer vollen Höhe bewußt, wenn man bedenkt, daß man dafür auch ganze vier Limousinen des Typs 200 bekam. Selbst ein hochkarätiges Isotta-Fraschini-Cabriolet mit acht Zylindern und 150 PS aus 7,4 Liter Hubraum war im Reich noch um 1000 Mark billiger. Auf den Exportmärkten sah die Konkurrenzsituation recht hoffnungslos aus. In England hatte der 380 beispielsweise mit einem Preis von 1534 Pfund Sterling gegen den 795 Pfund teueren Lagonda 4,5 Litre anzutreten, der ihm leistungsmäßig voraus war.
Der hohe Preis war es letztlich auch, der dem von unzweifelhafter technischer Noblesse geprägten Wagen eine weitere Verbreitung versagte – für ein Auto dieser finanziellen Größenordnung waren die Zeiten noch nicht reif. So wurden nur 60 Exemplare der Version 90/120 PS und 94 Wagen mit den 140- und 144-PS-Motoren gefertigt. Ähnlich gering ist die Überlebendenrate des 380 – dem Verfasser sind nur fünf noch existierende Fahrzeuge dieses Typs in Händen europäischer Sammler bekannt.

Unkonventionelle Technik, aber nicht nach jedermanns Geschmack.
Der Heckmotorwagen aus Untertürkheim blieb ein eigenwilliges Auto für Individualisten:

Mercedes-Benz 130

Im Jahre 1926 entstand als erstes Projekt nach der Fusion der Daimler-Motoren-Gesellschaft mit der Firma Benz & Cie unter der Entwicklungsziffer W 01 ein Kleinwagen mit 1,39 Liter Hubraum. Acht Prototypen wurden von dem mit 25 PS ausreichend motorisierten Wägelchen gebaut. Eine Serienfertigung wollte jedoch nicht so sehr ins Image des Großunternehmens passen – die größeren Wagen verkauften sich schließlich durchaus zufriedenstellend.
Doch die Idee blieb bestehen. Weitere Früchte reiften, und im Jahre 1928 gingen weitere kleine Vierzylinderwagen in den Fahrversuch. Während 28 Wagen die Codebezeichnung W 14 trugen, einen 1,3-Liter-Motor in konventioneller Anordnung und Starrachsen aufwiesen, bot die kurz darauf erprobte Reihe W 17 durchwegs Neues. Eine Art selbsttragender Karosserie, Schwingachsen und ein im Wagenheck untergebrachter 1,2-Liter-Motor von 25 PS Leistung bewiesen in ihren Konstruktionsdetails ungewohnt Avantgardistisches. Der nötige Erfahrungshintergrund für eine derartige Konzeption stand mit den Benz-Leuten aus Mannheimer Tagen, wie Hans Nibel und Max Wagner, zur Verfügung. Schließlich war in den Jahren 1922/23 bei Benz der »Tropfenwagen« entstanden, der diese Konstruktionsrichtung bereits vorgegeben hatte und nun als Denkmodell Pate stand. Zwölf Exemplare des W 17 wurden gebaut – dann erklärte die Firmenleitung den Versuch für abgebrochen.
Paradoxerweise war es gerade die Weltwirtschaftskrise mit ihrem Höhepunkt in den Jahren 1930/31, die dem Projekt des Heckmotor-Kleinwagens doch noch zu einer Realisierung verhalf. Als Europa auf Sparflamme umschaltete, schien es auf der Untertürkheimer Chef-Etage nur opportun, eine Bewegung des Neuwagenmarktes nach unten vom Angebot her mitzuvollziehen. Mit dem 170 befand sich bereits ein

Modell	130 (W 23)
Produktionszeit	Februar 1934 – März 1936
Motor	Reihen-Vierzylinder M 23 im Heck
Bohrung/Hub/ccm	70 × 85, 1299 ccm (eff. 1308 ccm)
Verdichtung	6,0 oder 1:6,5:1
Leistung	26 PS bei 3000 U/min
Ventile, Steuerung	sv, 1 seitl. Nockenwelle
Schmierung	Druckumlauf
Kühlung	Wasser, Pumpe
Vergaser	1 Steigstrom Solex 26 FVRS oder 26 BFRVS
Elektrik	6 Volt 75 Ah
Kupplung	Einscheiben-Trockenkupplung
Getriebe	4-Gang (m. Schnellgang)
Lenkung	Zahnstange
Fußbremse	hydraulisch, Trommel
Handbremse	mechanisch, Hinterräder
Chassis	Zentralrohrrahmen
Radstand; Spur v/h	2500; 1270/1270 mm
Gesamtabmessungen	4045 × 1520 × 1510 mm
Bereifung	4.75 – 17, ab 1/1935: 5.00 – 17
Tankinhalt	30 Liter (Motorraum)
Leergewicht	980 kg (Lim.)
Höchstgeschwindigkeit	92 km/h
Stückzahl	4298
Preise	Lim. 2t. 1934 RM 3425 Cab.-Lim. 2t. 1934 RM 3625 Tourenwagen 1934 RM 3900

Gegenüberliegende Seite: Heckansicht des 130 Innenlenker, Modell 1935. Oben: Unter der vorderen Haube war wenig Platz.

Modell gemäßigt reduzierten Anspruchsniveaus in Entwicklung, mit dem Heckmotorwagen konnte man noch tiefere Marktschichten erschließen, denn erst der Vierzylinder versprach – große Serien vorausgesetzt – optimale fertigungstechnische und betriebsgünstige Ökonomie. Ein Seitenblick auf die Verkaufserfolge der Rüsselsheimer war dabei unvermeidlich.

So begann im Jahre 1930 unter der Leitung von Hans Nibel die Genese des kleinsten bisher gebauten Serien-Mercedes unter der Projektziffer W 23. Diese Entwicklung verlief auf einem dornenreichen Weg, denn es galt, angesichts der vielen unkonventionellen Konzeptionselemente manche Sackgasse wieder zu verlassen und neue Lösungen zu suchen. Im Jahre 1932 wurde beispielsweise ein luftgekühlter, seitengesteuerter Boxermotor erprobt, der heute im Daimler-Benz-Museum daran erinnert, daß der Volkswagen nicht vom Himmel fiel. Letztlich blieb man aber doch beim geräuschärmeren, wassergekühlten Reihentriebwerk. Im Februar 1934 wurde der Mercedes-Kleinwagen, der die Bezeichnung 130 trug (das Suffix ›H‹ erhielt er erst sehr viel später und ganz inoffiziell), bei der IAMA in Berlin der Öffentlichkeit vorgestellt.

Der 130 verkörperte den größten deutschen Heckmotorwagen seiner Zeit, (nach dieser Bauart konzipierte Kleinstwagen gab es schon in den zwanziger Jahren), zudem war er das erste deutsche Vollautomobil mit hinten angeordnetem Antriebsblock. Auch als erster Mercedes-Benz-Vierzylinder-Pkw erregte der 130 natürlich Aufsehen.

Versuche mit selbsttragenden Karosserien waren bald wieder fallengelassen worden – es blieb dem Typ 180 im Jahre 1953 vorbehalten, der erste Mercedes-Serienwagen mit rahmenloser Konstruktion zu sein. Der Typ 130 wies statt des üblichen Leiterrahmens ein Zentralrohrchassis auf, das sich hinten zur Aufnahme des Antriebsaggregats gabelte. Diese Bauweise bot den Vorteil der bei einem Kleinwagen relevanten Gewichtseinsparung. Auf das Zentralrohr war an der Vorderseite ein kastenförmiger Lagerkörper aufgeschweißt, der die Befestigung der beiden Querfedern der achslosen Vorderradaufhängung à la 170 oder 200 ermöglichte. Motor, Getriebe und Hinterachse bildeten ein geschlossenes, zu Reparatur- und Wartungszwecken leicht zugängliches oder nach Abschrauben der kompletten Heckhaube demontierbares Aggregat, das im hinteren gabelförmigen U-Träger in vier Punkten in Gummiblöcken gelagert war.

Der seitengesteuerte Motor gab bei sehr zivilen 3000 U/min 26 PS ab, die als Dauerleistung verstanden werden konnten. Die Kurbelwelle lief in drei Gleitlagern und die den Wärmeaustausch beschleunigende verrippte Leichtmetall-Ölwanne faßte fünf Liter Motorenöl. Rechts am Motorblock saß der Solex-Steigstromvergaser mit selbsttätiger Startvorrichtung und beheiztem Saugrohr – entweder ein 26 FVRS oder ein 26 BFRVS. Der Elektron-Luftfilter war in die hintere Karosseriewandung integriert. Die Kraftstofförderung erfolgte ohne Pumpe durch Ausnutzung des natürlichen Gefälles, denn der 30-Liter-Tank, der durch Umschaltung des Dreiwegehahns eine Reservemenge von drei Litern freigab, saß rechts vom Motor im Heck des Wagens. Die 6-Volt-Elektrik verfügte über einen Akku von 75 Ampèrestunden Kapazität, der unter dem Rücksitz untergebracht war.

Ein vordergründiges Problem bei der Konzeption eines Heckmotorwagens war von jeher die Motorkühlung. Da bei einem Kleinwagen auch das Gewicht des Kühlerblocks in Betracht zu ziehen ist, war diese Schwierigkeit beim 130 eine doppelte. Die Stuttgarter Firma Behr erzielte in Windkanalversuchen eine probate Lösung und entwickelte einen kompakten Lamellenkühler, der vor dem Motor angeordnet war und über ein Fassungsvermögen von 9,5 Liter Wasser verfügte. Dieses Kühlmittelvolumen wurde mit einer Pumpe umgewälzt. Ein vierflügeliger Ventilator sog die Kühlluft aus zwei Luftkanälen rechts und links unterhalb der hinteren Seitenfenster an. Bei langsamen Bergfahrten und hoher Außentemperatur kamen die Mercedes-Heckmotorwagen dennoch eher zum Kochen als vergleichbare Automobile mit konventioneller Triebwerksanordnung.

Mit dem Motor verblockt war ein Vierganggetriebe, dessen vierte Schaltstufe – wie bei den großen Modellen – mit einer Untersetzung von 0,67:1 als Schnell- oder Spargang ausgelegt war. Auch der extrem kurz übersetzte Achsantrieb mit dem Differential war Bestandteil dieser kompakten Einheit. Das Getriebe wurde über ein auf dem Rahmenrohr verlaufendes Schaltgestänge fernbedient. Die Hinterräder waren an geteilten Achshälften, die sich über je eine Schraubenfeder abstützten, pendelnd aufgehängt.

Die hydraulische Ate-Lockheed-Bremse stellte für einen Wagen dieser Größenordnung 1934 nicht gerade etwas Alltägliches dar. Angesichts des geringen Fahrzeuggewichts konnte auf ein Servogerät verzichtet werden, ohne daß Klagen über zu hohen Bedienungsaufwand laut geworden wären. Auf die simpel gestylten Scheibenräder waren zunächst Reifen der Dimension 4.75–17 aufgezogen, ab Januar 1935 wurden sie durch etwas voluminösere Pneus der Größe 5.00–17 ersetzt.

Heckmotorwagen mit ihrer meist ausgeprägten Übersteuerneigung bedurften schon immer einer »schnellen« Lenkung – der 130 hatte sie: Eine äußerst exakt arbeitende und dabei leichtgängige Zahnstangenlenkung mit Schraubenvorgelege ermöglichte blitzschnelle Kurskorrekturen bei Abwandern des Hecks.

So viel durchdachte Technik der 130 auch in seinem Innenleben barg, so lieblos war sein Styling erfolgt. Die Frontansicht des Wagens wurde von einer abgerundeten, optisch kaum gegliederten Haube, den unorganisch angesetzten separaten Kotflügeln und den desintegrativ plazierten Scheinwerfern beherrscht. Daß dieser Insekten-Look, der doch sehr an jene 200-ccm-Mobile erinnerte, die zu Zeiten des 130 die Straßen bevölkerten, auch den Untertürkheimer Stilisten nicht unbedingt geglückt vorkam, zeigen nachträglich vorgenommene Karosseriestudien. Im Jahre 1935 entstand ein Versuchsmodell mit einer falschen Mercedes-Kühlermaske im gewohnten Bild. Der 130 sah damit zwar markentypischer aus, viel schöner war er nicht geworden. Deshalb wurde diese Studie auch wohl wieder ad acta gelegt.

Auch die Gestaltung des konzeptbedingt relativ langen Hecks erregte nicht unbedingt helle Begeisterung – sie erinnerte an einen Entenbürzel. Durch dieses exponierte Hinterteil besaß der 130 denn auch bald einen betriebsinternen Kosenamen: »Heckschnauzerle«.

Um die trotz großer Fensterflächen pummelige, käferhafte Gestalt des Wagens optisch aufzulockern, wandte man den Trick mit der Farbkombination an. Zunächst waren alle 130-Aufbauten in drei Serienfarben (grau, blau und rot) und zwei Sondertönen (maroon und beige) lieferbar, die jeweils durch schwarz lackierte Kotflügel kontrastiert wurden. Ab Anfang 1935 verlieh man dem 130 jedoch durch serienmäßige Nitro-Zweifarbenlackierungen – der dunklere Farbton der Kotflügel, des Daches, der Heckhaube und des breiten Zierstreifens an Vorderhaube und Gürtellinie wurde durch die entsprechenden Pastelltöne an den Wagenseiten geschickt aufgehellt – eine elegante Leichtigkeit.

Durch Beschaffung einer gewaltigen Weingarten-Presse war das Karosseriewerk Sindelfingen imstande, das Dach der Limousine als ganzes Werkstück herzustellen. Viele Konkurrenzfirmen pflegten ihre Wagendächer noch aus mehreren Preßteilen zusammenzuschweißen

Mercedes-Benz 130 als offener Tourenwagen 1934.

oder sie aus Kostengründen sogar mit einem großflächigen Vinyleinsatz zu versehen. Amerikas Großserientechnologie mit ihren *turret tops* begann Europa zu überzeugen.

Der Typ 130 war während seiner ersten beiden Baujahre in drei viersitzigen Karosserievarianten erhältlich: als zweitürige Limousine, als Cabriolimousine mit feststehenden Seitenteilen und Rolldach sowie als offener Tourenwagen mit seitlichen Steckscheiben. Letztere Ausführung wurde gegen Ende der Laufbahn ab Januar 1936 aus dem Angebot gestrichen. Natürlich ergab bei all diesen Versionen die Heckmotoranordnung eine Optimierung des Platzangebots: Der Fahrgastraum lag bestens abgefedert zwischen den Achsen, ein Getriebe- oder Kardantunnel fehlte, der vordere Fußraum konnte großzügig dimensioniert werden. Mit der Gepäckunterbringung war es aber übel bestellt. Unter der vorderen Haube, die vollständig aufklappbar war und durch zwei Stützen offengehalten wurde, waren Ersatzrad und Werkzeug untergebracht. Für Reiseutensilien blieb nur noch ein geringer Raum von 28 Liter Volumen. Eine zweite Gepäckablage mit einer Netzsicherung bestand hinter der Rücksitzlehne. Sie war jedoch mit einem Fassungsvermögen von 62 Liter nicht gerade üppig dimensioniert, konnte aber mit einem schmalen, gegen Mehrpreis erhältlichen Spezialkoffer raumökonomisch genutzt werden.

Ganz und gar nicht kleinwagenmäßig war die Ausstattung des 130 beschaffen. Der vordere Fußraum war mit Gummimatten, der Fond mit einem Veloursteppich ausgeschlagen. Die Instrumentierung stellte in ihrem Umfang durchaus zufrieden: Tachometer, Öldruckmesser und Ladekontrolleuchte genügten den Ansprüchen. Ab 1935 wurde das Ölmanometer mit einer Kraftstoffuhr kombiniert. Die Scheinwerfer wurden mit einem Fußschalter abgeblendet, das auf der vorderen Stoßstange montierte Boschhorn wurde mit einem Signalring auf dem Lenkrad betätigt und das Zündlenkschloß war ebenfalls ein Attribut einer gehobeneren Wagenklasse. Zwischen den Vordersitzen waren Lichtschalter, Anlaßknopf, Sicherungsdose und der Schalthebel auf

einem sogenannten »Schaltkasten«, einer Art Mittelkonsole, plaziert. Unerwartetem Komfort dienten die Leselampen oberhalb der nicht ausstellbaren Windschutzscheibe, die Türtaschen, das Handschuhfach mit Klappdeckel, die Vorhänge an den Fondfenstern sowie der Aschenbecher und der elektrische Zigarettenanzünder am Armaturenbrett. Lediglich eine – damals noch in Einzelanbringung erlaubte – Nebelleuchte mußte extra bezahlt werden.
Bei konventioneller Triebwerksanordnung war die Beheizung des Interieurs damaliger Wagen kein gravierendes Problem: Der Frontmotor strahlte dank mangelnder Isolierung der Schottwand im Winter – und unglücklicherweise um so mehr im Sommer – genügend Wärme ab. Diese temporäre Tugend wurde beim 130 zum Notstand, auch wenn das Werk in seinen Prospekten die Geruchsfreiheit und das im Sommer kühle Klima des Interieurs pries. Auf eine Temperierung an kalten Tagen konnte man beim 130 eingedenk des üblichen Mercedes-Komfortangebots kaum verzichten und kam dieser Notwendigkeit mit einer serienmäßig installierten Frischluftheizung nach, die recht simpel konzipiert war: Eine kleine Turbine saugte im Motorraum des Wagens Außenluft an, die am Auspufftopf erwärmt und – durch ein Verteilerventil geregelt – den Fußräumen der Front- und Fondpassagiere zugeführt wurde. Die an den Kühlerkreislauf angeschlossene Warmwasserheizung hatte sich noch nicht durchgesetzt. Wie wirkungsvoll das beim 130 angewandte und an den späteren Wolfsburger Käfer erinnernde System war, sei dahingestellt. In Testberichten wurde es jedenfalls lobend erwähnt – aber das besagt nach Kenntnis damaliger, überaus toleranter Reportagen nicht viel.
Dennoch kann man diesen Tests durchaus Kritik am »Heckschnauzer« entnehmen – selten offen, meist aber zwischen den Zeilen. Zwar wurde der mit dem 130 vollzogene »revolutionäre Schritt« sehr wohl anerkannt, die Fahreigenschaften wurden aber höflich verkleidet mit »gewöhnungsbedürftig« umschrieben. In flott gefahrenen Kurven erwies sich der 130 offenbar als Heckschleuder, die eines kunstfertigen Fahrers bedurfte, »einer ruhigen, feinfühlenden Hand«, wie Reinhold Otte in der *Motorwelt* schrieb. Von der im Verkaufsprospekt propagierten »bestechend guten Straßenlage bei allen Straßenverhältnissen« konnte wohl nicht die Rede sein, zumal die Kursstabilität des 130 bei gewölbter Fahrbahn nahezu verlorenging, und der kleine Wagen sich als stark seitenwindempfindlich und reifendrucksensibel erwies. Durch die ausgeprägte Hecklastigkeit – Gewichtsverteilung Vorder-/Hinterachse bei Besetzung mit zwei Personen 25:75 Prozent – ließ auch der Geradeauslauf zu wünschen übrig, wenn auch bei winterlichen Straßenverhältnissen ausgezeichnete Traktion zur Verfügung stand. Die vergleichsweise geringe Belastung der Vorderräder resultierte in einer sehr leichtgängigen Lenkung, die so direkt ausgelegt

war, daß sie blitzschnelles Gegensteuern bei kleinen Ausschlägen ermöglichte, in der Hand weniger geübter Fahrer aber leicht überzogen werden konnte. Der 130 erwies sich so von seiner Gesamtabstimmung her als fast sportlich pointiertes Fahrzeug, und tatsächlich wurden von passionierten Fahrern hohe Reisedurchschnitte erzielt.
Die Spitzengeschwindigkeit des 130 wurde mit 92 km/h ermittelt – kein schlechter Wert in seiner Klasse. Trotz der Chance der Leichtbauweise, die das Heckmotorkonzept bot, galt der 130 nicht als Federgewicht. Die Limousine brachte immerhin 980 Kilogramm auf die Waage. Das Leistungsgewicht von 37,7 kg/PS war sicher nicht dazu angetan, dem Wagen ein beflügeltes Temperament zu verleihen, und die letztlich doch recht beachtliche Höchstgeschwindigkeit scheint aus der aerodynamisch wirksamen, glatten Gestaltung der Frontparte resultiert zu haben. Der Benzinverbrauch war zwischen neun und elf Liter für 100 Kilometer angesiedelt. Nach 1000 Kilometern waren im Normalfall 1,5 Liter Motorenöl zu ergänzen.
Die Betriebskosten stellten für die Wagenkategorie, der der 130 angehörte, nichts Außergewöhnliches dar. War der 130 aber wirklich »ein billiger Wagen für weite Kreise«, »ein wirklich volkstümlicher Wagen«, wie Daimler-Benz in einer Anzeigenkampagne behauptete? Die Anschaffungskosten standen dem Bemühen, den Kleinmercedes »weitesten Volkskreisen« zugänglich zu machen, entgegen. Die Limousine kostete 1934 3425 Mark, die Cabriolimousine 3625 Mark und der Tourer gar 3900 Mark. Anfang 1935 wurden diese Preise auf 3680, 3900 und 4400 Mark angehoben. Als das Ende des 130 schon so gut wie besiegelt war, erfolgte im Jahre 1936 noch eine Preisreduzierung.
Mit seinem hohen Preis konnte der Typ 130 kein Marktrenner werden, wenn er auch unzweifelhaft die konzerntypische Fertigungs- und Ausstattungsqualität und Zuverlässigkeit bot. So mußte er die ihm zugemessene Rolle, die Motorisierung Deutschlands mit zu beschleuni-

Gegenüberliegende Seite: 130 Cabrio-Limousine bei einem Veteranentreffen, Modell 1935.
Links: Der Hecktriebblock des 130. Beachtenswert die extrem lange Ventilatorwelle und der damals noch seltene Ölfilter. Das Aluminium-Finish dieses Ausstellungsstücks war in der Serie nicht zu finden.

gen, zu einem beträchtlichen Teil an seine Mitbewerber abtreten, die durchwegs billiger waren, über ein mindestens gleichwertiges Leistungs- und Raumangebot verfügten und zudem durch konventionelle Bauweise zwar meist nicht den Fahrkomfort des 130 bieten konnten, ihm aber in puncto Fahreigenschaften überlegen waren. Als besonders erfolgreich in der Gunst des deutschen Kleinwagenkäufers erwiesen sich der Adler Trumpf Junior und der Ford Eifel, aber auch der Hanomag Kurier und der Hansa 1100 stellten ausgezeichnete Alternativen dar. Schärfster Konkurrent des 130 war ohne Zweifel der im transatlantischen Geist konzipierte Opel 1,3 Liter, von dem in nur zwanzig Monaten 29 000 Exemplare ausgeliefert wurden, bis 1935 der hochmoderne Olympia 1.3 mit selbsttragender Ganzstahlkarosserie erschien. Diese Rüsselsheimer waren mit ihrer Laufkultur, ihrer gutmütigen Fahrcharakteristik und ihrer dem 130 ebenbürtigen Zuverlässigkeit sehr preiswürdige Automobile.

Außerdem besaß der 130 schließlich auch einen Konkurrenten aus eigenem Hause: Der 170, ein vollendet harmonisches Fahrzeug, war als Zweitürer 1936 nur um 270 Mark teuerer. Mit 4298 gefertigten Einheiten blieb der 130 ein interessantes Stück Automobilgeschichte. Kaufmännisch gesehen verkörperte er einen hochgradigen Mißerfolg, den die Daimler-Benz AG aber souverän verkraften konnte: 1935 erzielte der schwäbische Konzern einen Umsatz von 226 Millionen Reichsmark und verfügte in Deutschland über einen Marktanteil von 6,5 Prozent. Diese Ergebnisse kompensierten wohl die Tatsache, daß sich der für die Untertürkheimer charakteristische Pioniergeist beim 130 ausnahmsweise als Fehlkalkulation erwies, zur Genüge.

Aus einem Wettbewerbsfahrzeug entwickelte sich die Idee zu einem Mittelmotor-Sportwagen. Aber er wurde nur in geringen Stückzahlen aufgelegt:

Mercedes-Benz 150

Gemäß tradierter Gebräuche lag für die Daimler-Benz AG nichts näher, als die neue Heckmotor-Bauweise werbewirksam einer sportlichen Feuertaufe zu unterziehen. Der von der Bevölkerung am meisten zur Kenntnis genommene Wettbewerb war ohne Zweifel die 2000-Kilometer-Fahrt durch Deutschland, die gemeinsam vom Nationalsozialistischen Kraftfahrer-Korps (NSKK) und dem gleichgeschalteten ADAC-Nachfolger DDAC ausgerichtet wurde und die Gigantomanie des Dritten Reiches auf motorsportlichem Gebiet verkörperte. Die Untertürkheimer meldeten zu dieser Veranstaltung im Frühsommer 1934 neben einem Kontingent von Serienfahrzeugen verschiedener Hubraumgröße auch fünf Heckmotorwagen. Diese sehr zweckgerichtet zurechtgemachten »Sportlimousinen« schlugen sich bravourös und errangen Goldmedaillen für strafpunktfreies Passieren des Ziels. Einer der Fahrer war übrigens ein gewisser Hermann Lang, damals noch Mechaniker in der Untertürkheimer Rennabteilung, bald aber ein ganz großes Grand-Prix-As. Bei der Fernfahrt Lüttich-Rom-Lüttich im August 1934 wiederholte sich dieser Erfolg: Hans-Joachim Bernet war auf der neuen Sportlimousine des Baumusters W 30 Etappensieger, erhielt als bester Teilnehmer auf einem geschlossenen Wagen einen Sonderpreis und erreichte das Ziel strafpunktfrei. Den Gesamtsieg mußte sich Mercedes mit einem belgischen Impéria teilen.

Für Ruhm und Aufsehen war gesorgt – allerdings hatten die Siegerwagen nur sehr wenig mit dem braven Serien-130 gemein, zu dessen Propagierung sie beitragen sollten. Die mit einer vehement an den späteren Typ 1 aus Wolfsburg erinnernden, aerodynamisch recht konsequent durchgebildeten Karosserie versehenen Sportgeräte verdienten weder die Bezeichnung Limousine – sie stellten nichts anderes als zweisitzige Coupés dar – noch wiesen sie nach heutiger Terminologie einen Heckmotor auf. Diese werksinterne Sonderserie von fünf Fahrzeugen verfügte nämlich über einen Mittelmotor – das Triebwerk samt der Kupplung lag vor, das Getriebe hinter der Hinterachse. Der Hecktriebblock des 130 war praktisch um 180 Grad um seine Längsachse gedreht worden. Nicht genug damit: Auch der Motor war mit dem des 130 nur entfernt verwandt – das Vierzylinderaggregat wies eine Kurbelwelle mit größerem Hub und eine erweiterte Bohrung auf. Dadurch stieg das Hubvolumen auf 1498 ccm. Die höheren Drehzahlen abholden stehenden Ventile waren für Sportzwecke kaum akzeptabel – man ersetzte den *flathead* der Serienausführung durch einen Zylinderkopf mit hängenden Ventilen und hatte nun Tourenzahlen bis 5000 U/min fest im Griff.

Es lag nahe, dieses erfolgreiche Konzept auf ein Kleinserienfahrzeug kompromißlos sportlichen Charakters zu übertragen. Bei der IAMA im Februar 1935 wurde der Öffentlichkeit ein professionell aussehender Sportroadster präsentiert, der die Typenbezeichnung 150 trug und im Werk unter dem Code W 130 rangierte. Direkte Weiterentwicklungen wurden in Untertürkheim oft durch das Voranstellen einer Eins vor die ursprüngliche Baumusterziffer gekennzeichnet.

Auch der 150 wies den mittschiffs eingebauten 1,5-Liter-Motor auf. Der später geäußerte Anspruch der Daimler-Benz AG, damit den ersten serienmäßigen Mittelmotorwagen gebaut zu haben, ist historisch allerdings nicht haltbar, denn 14 Jahre früher hatte Edmund Rumpler sein glückloses »Tropfenauto« auf den Markt gebracht, das eine ähnliche Triebsatzanordnung besaß. Und gerade dieses eigenwillige Gefährt aus Berlin-Johannisthal war es wohl, das die Mittelmotor-Bauweise in Stuttgart ermöglichte. Die Zusammenarbeit Rumplers mit Benz & Cie und die Mannheimer Weiterentwicklung dieses Konzepts erbrachten schließlich den Erfahrungshorizont zur Entstehung des 130 und noch mehr des 150.

Der stark überarbeitete ohv-Vierzylinder des Baumusters M 30 leistete 55 PS bei 4500 U/min. Eine spezifische Leistung von 36,7 PS/l galt damals als ausgesprochen sportlicher Wert, der nicht von ungefähr kam: Eine Verdichtung von 7,1:1 und ein Solex-Doppel-Vertikalvergaser der Type 30 FFVS mit Startvorrichtung sorgten für Dampf. Im Gegensatz zum 130 war der 150 mit der startfreudigeren 12-Volt-Bordelektrik ausgerüstet.

Das Kühlsystem war gegenüber dem des Basistyps weitgehend modifiziert worden, zumal die Mittellage des Motors eine geänderte Führung des Kühlluftstroms bedingte. Der in zwei Blöcke gegliederte Kühler mit insgesamt 13 Liter Wasserinhalt war hinter dem Motor über dem Getriebe angeordnet. Eine Hochleistungsturbine sorgte für die nötige Luftzufuhr, die über zwei lange Reihen von Belüftungsschlitzen auf dem Wagenrücken und ein System von Leitblechen erfolgte.

Gegenüberliegende Seite: 150 Mittelmotor-Roadster 1936. Oben: 150 Sportlimousine 1934. Der Sicht nach hinten diente der Schacht im Wagendach, der ein begrenztes Blickfeld im Rückspiegel freigab.

Heizung, Kraftübertragung, Zentralrohrchassis, Radaufhängungen und Lenkung entsprachen im Prinzip den betreffenden Bauteilen des 130. Der sportive Charakter des 150 wurde durch wahlweise erhältliche Drahtspeichenräder betont, die zunächst mit der Dimension 4,75–17, später mit 5,00–17 bereift waren.

Wenn auch die Proportionen des flachen Zweisitzers durch die Position des Triebwerks von einem extrem langen, spitz zulaufenden Heck beherrscht wurden, kann die Linienführung dieses reinrassigen Sportwagens doch als geglückt bezeichnet werden. Besonders die elegant geschweifte Frontgestaltung mit der integrierten Nebellampe erinnerte kaum mehr an den Sparmobil-Look des 130. Kritik seitens der Fachwelt erfuhren indessen die aerodynamisch ungünstig plazierten, separat stehenden Scheinwerfer. Die Ersatzräder waren recht

Die Sportlimousine 150 im Einsatz bei der 2000-Kilometer-Fahrt durch Deutschland 1934.

unkonventionell mit Lederriemen rechts und links hinter den tief ausgeschnittenen Türen an den Wagenseiten befestigt.
Diese ebenfalls wenig strömungsgünstige Anordnung sollte dem 150 einen großzügiger als beim 130 bemessenen Kofferraum spendieren. In dieser Hinsicht sprach das Werk dem Sportwagen sogar die Charakteristik eines für längere Touren geeigneten Gebrauchtwagens zu – sehr voluminös war der unter der vorderen Haube befindliche, durch eine horizontale Klappe erreichbare Gepäckraum aber dennoch nicht, zumal er durch den vorne eingebauten 60-Liter-Tank beengt wurde. Außer dem serienmäßig gelieferten Tourenzähler entsprach die Instrumentierung und Ausstattung des Roadsters der der 1,3-Liter-Limousine.
Der mit 980 Kilogramm Leergewicht nicht gerade leichte Roadster – sein Leistungsgewicht lag immerhin bei 19 kg/PS – war keineswegs so schnell wie er aussah. Das Werk gab eine Spitzengeschwindigkeit von 125 km/h an. Dagegen hatten die Fahreigenschaften durch die Mittel-

Modell	150 (W 130)
Produktionszeit	Februar 1935 – Juli 1936
Motor	Reihen-Vierzylinder M 30 im Heck
Bohrung/Hub/ccm	72 × 92, 1498 ccm
Verdichtung	7,1:1
Leistung	55 PS bei 4500 U/min
Ventile, Steuerung	ohv, 1 seitl. Nockenwelle
Schmierung	Druckumlauf
Kühlung	Wasser, Pumpe, Kühlgebläse
Vergaser	1 Doppel-Steigstrom Solex 30 FFVS
Elektrik	12 Volt 45 Ah
Kupplung	Einscheiben-Trockenkupplung
Getriebe	4-Gang (m. Schnellg.)
Lenkung	Zahnstange
Fußbremse	hydraul., Trommel
Handbremse	mechan., Hinterräder
Chassis	Zentralrohrrahmen
Radstand; Spur v/h	2600, 1300/1270 mm
Gesamtabmessungen	4200 × 1600 × 1380 mm
Bereifung	4,75 – 17 und 5.00 – 17
Tankinhalt	60 Liter im Bug
Leergewicht	980 kg
Höchstgeschwindigkeit	125 km/h
Stückzahl	20
Preis	Roadster RM 6600

motor-Anordnung sehr gewonnen. Die Übersteuertendenz war zwar noch wahrzunehmen, ein Nach-außen-Drängen des Hecks aber leichter kontrollierbar. Der Geradeauslauf war – nicht zuletzt auch wegen des um zehn Zentimeter gewachsenen Radstands – wesentlich stabiler geworden. Der Benzinverbrauch bewegte sich jenseits von 15 Litern für 100 Kilometer; die Betriebskosten spielten aber bei einem Wagen dieses Genre damals nur eine untergeordnete Rolle.
Der Kaufpreis des 150 bildete mit 6600 Mark freilich ein natürliches Hindernis für viele Interessenten, zumal der gleichstarke, aber 200 Kilogramm leichtere und daher erheblich lebendigere und mindestens ebenso hübsche BMW 319/1 Roadster bereits für 5800 Mark zu haben war. Unter diesem Aspekt waren dem 150 keine größeren Stückzahlen in die Wiege gelegt. In anderthalb Jahren wurden ganze zwanzig Exemplare des Sportroadsters gebaut, von denen noch zwei existieren dürften. Der BMW 319/1 hatte es auf die fünffache Stückzahl gebracht.

Oben und links: Aufnahmen von der erfolgreichen Teilnahme der Sportlimousine Typ 150 an der Deutschlandfahrt 1934. Um die Servicefreundlichkeit des mittschiffs eingebauten Motors war es nicht gut bestellt.

Mit diesem Wagen bewies Daimler-Benz, daß ein kultivierter Vierzylinder geschmeidig wie ein Sechszylinder laufen kann:

Mercedes-Benz 170 V

Mitte der dreißiger Jahre hatte die deutsche Wirtschaft einen konjunkturellen Aufschwung angetreten. Diese Blüte drückte sich in der verstärkten Nachfrage nach Personenwagen der Hubraumklasse zwischen anderthalb und zwei Liter aus – die Mittelschicht der Bevölkerung strebte in immer umfassenderem Maße eine standesgemäße Motorisierung an. Mercedes-Benz war zwar mit dem 170 (W 15) in der unteren Mittelklasse nach wie vor erfolgreich vertreten, doch stand zu befürchten, daß der Weizen nicht ewig blühen würde. Das Fahrwerk des kleinen Sechszylinders war zwar nach wie vor up to date, aber in den Jahren 1934 und 1935 kamen Konkurrenzmodelle auf den Markt, bei denen stilistisch weitaus stärkere Konzessionen an den Zeitgeschmack erkennbar wurden, die ein ebenso progressiv konzipiertes Fahrwerk aufwiesen, mehr Innenraum besaßen, oft wirtschaftlicher zu betreiben waren und über einen günstigeren Gestehungspreis verfügten. Diese Attribute trafen – zumindest teilweise – auf den Hansa 1700, den Opel 2 Liter und auch auf den Hanomag Rekord zu. Der Zeitabschnitt von 1934 bis 1937 war eine Epoche des entwicklungstechnischen Höhenflugs der deutschen Automobilindustrie, die erst zwanzig Jahre später eine Neuauflage erleben sollte.

Daimler-Benz trug diesen Tendenzen frühzeitig Rechnung. Unter der Ägide Max Sailers befand sich seit 1934 ein Vierzylinder-Mittelklassewagen mit Frontmotor und konventionellem Antrieb in Entwicklung, der zunächst 1,6 Liter Hubraum erhalten sollte. Ende 1935 lief die Produktion dieses Modells an, wobei die ersten Wagen noch den 1595-ccm-Motor aufwiesen. Wie viele solche Vorserienwagen entstanden, läßt sich nicht mehr feststellen – eine nennenswerte Zahl war es vermutlich nicht.

Die offizielle Premiere dieses zweiten Vierzylinder-Modells aus Unter-

Gegenüberliegende Seite: Ein 170 V Innenlenker 1936. Links: 170 V Roadster mit »Schwiegermuttersitz«.

Unten: Wie die meisten übrigen Varianten des 170 V wurde auch das Cabriolet B nach dem Kriege nicht wieder aufgelegt.

türkheim fand anläßlich der IAMA im Februar 1936 in Berlin statt. Während des Dritten Reiches debütierte kaum mehr ein deutsches Automobil auf einem ausländischen Salon. Der Neuling aus Schwaben trug nun doch wieder die vertraute Ziffernfolge 170, allerdings mit dem Zusatz »V«, der für die Triebwerksanordnung »vorne« stand und damit die Unterscheidung zum gleichzeitig vorgestellten Heckmotortyp 170 H verkörperte. Obgleich logisch, wurde das Suffix »V« vom Werk nicht mit der Bedeutung »Vierzylinder« unterlegt, wie ab und an zu hören ist.

Der Motor des 170 V war ein bürgerlich konzipiertes Triebwerk mit stehenden Ventilen, dreifach gelagerter Kurbelwelle und einem Solex-Steigstromvergaser der Type 30 BFLVS mit Startvorrichtung. Der ursprünglich geplante und auch bei dem auf der IAMA präsentierten Wagen noch eingebaute Solex-Fallstromvergaser vom Typ 30 IF wurde, obwohl er höhere Effizienz versprach, nicht in Serie übernommen. Das Kraftstoff-Luft-Gemisch wurde beim 170 V durch eine steuerbare Saugrohrbeheizung automatisch vorgewärmt. Die Drosselklappe des Vergasers konnte auch mit einem am Armaturenbrett plazierten Handgasknopf betätigt werden.

Die Leistung des Motors vom Baumuster M 136 belief sich auf 38 PS bei 3400 U/min. Durch eine sorgfältige Ausbildung der Verbrennungsräume und ausgeklügelte Führung der Ansaug- und Auspuffleitungen stand die Elastizität des Vierzylinders der des Vorgängeraggregats mit sechs Zylindern kaum nach – das bewies nicht zuletzt der deutlich günstigere Drehmomentverlauf des neuen Motors. Noch ausgeprägter gab sich der 170-V-Motor in puncto Laufruhe: Die Zylinderzahl war der vibrationsfreien Gangart der Maschine nicht ohne weiteres zu entnehmen. Das lag vor allem an der schwingungsfreien Aufhängung des Motors in zwei Gummilagern am Chassis nach dem in den USA schon einige Zeit praktizierten *»Floating Power«*-Prinzip. In Untertürkheim sprach man vom »Schwebemotor«. Die geringere Baulänge des Vierzylinders ermöglichte eine großzügigere Dimensionierung des Aufbaus, zumal der Motor im Rahmen weiter vorn als üblich saß. Durch dieser vorteilhaften Charakteristik brauchte kein Kaufaspirant mehr der einige Monate nach dem Erscheinen des 170 V aus der

Produktion genommenen 1,7-Liter-Sechszylindermaschine nachzutrauern.
Der Vergaser wurde aus dem an der Spritzwand im Motorraum angeordneten Tank ohne Pumpe direkt mit Kraftstoff versorgt – Platz genug war ja für den Behälter angesichts des niedrig bauenden sv-Motors unter der Haube. Der runde Tank faßte zunächst 33 Liter. Der Aktionsradius wurde ab Herbst 1939 – vielleicht im Hinblick auf die militärische Verwendung des 170 V – beträchtlich erhöht, als ein ovaler Kraftstoffbehälter von 43,5 Litern Inhalt zum Einbau gelangte.
Erstmals seit vielen Jahren wurde bei einem Mercedes-Serienwagen auf ein Schnellganggetriebe verzichtet. Der vierte Gang im Getriebe des 170 V, das bei der Zahnradfabrik Friedrichshafen entwickelt und gefertigt wurde, stellte die direkte Übertragung dar. Nur die beiden oberen Schaltstufen verfügten über eine Gleichlaufeinrichtung; die spiralverzahnten Schraubenräder gewährleisteten optimale Laufruhe in allen Bereichen. Ab Anfang 1940 – von der Fahrgestellnummer 136 038/001 an – beging Daimler-Benz mit dem Einbau eines Vollsynchron-Getriebes in den 170 V einen für die kleine Mittelklasse in jenen Tagen geradezu avantgardistischen Schritt. Die Antriebsübersetzung des 170 V mußte wegen des fehlenden Overdrive natürlich wesentlich länger gewählt werden, um die Drehzahlgrenze der Maschine nicht ständig in Anspruch nehmen zu müssen.
In der Konstruktion des Fahrgestells hatten die schwäbischen Autobauer ganz neue Wege beschritten. Der Rahmen wurde aus nahtlos gezogenen Stahlrohren mit ovalem Querschnitt gefertigt. Durch eine starke Einschnürung im zweiten Drittel wies er die Form eines flachen X auf. Diese Bauart bürgte für ein Maximum an Verwindungsfreiheit bei geringem Gewicht. Fünf Traversen dienten der Versteifung des Rahmens – je eine zusätzlich zur Befestigung und Abstützung der vorderen und hinteren Radaufhängungselemente, drei Querträgerrohre mit kreisförmigem Querschnitt waren als Ausleger angeschweißt und erfüllten als Auflage für die Karosserie und zur Aufnahme der Wagenheberstütze weitere Zwecke. Die Ovalrohre der Hauptholme waren hinten stark gekröpft.
Das Fahrwerk entsprach im Prinzip dem des Typs 130: Die Vorderräder waren einzeln zwischen zwei Querblattfedern aufgehängt. Die Schneckenlenkung war nach der Bauart Roß konzipiert bei ZF in Friedrichshafen gefertigt. Vor dem Krieg besaß der 170 V hydraulische Hebeldämpfer; Teleskopstoßdämpfer wurden erst beim 170 Va eingeführt. Die hintere Pendelachse war an jeder Seite an je einer Schraubenfeder aufgehängt, das Differential- bzw. Achsantriebsgehäuse war an drei Punkten an der hinteren Rahmentraverse befestigt. Die Schubkraftaufnahme erfolgte durch die Lager der Achstragrohre – wohl die einzige Schwäche der fortschrittlichen Radführung.

Der 170 V als zweitürige Limousine zur Zeit der Baumblüte.

Die Scheibenräder waren mit Reifen der Dimension 5,25–16 bestückt. Die hydraulische Ate-Lockheed-Bremse zeichnete sich durch Spurtreue und hervorragende Wirksamkeit aus, die ebenso den Qualitäten weitaus teuerer Typen entsprach wie die – am Maßstab ihrer Zeit gemessen – sichere Straßenlage und der ausgezeichnete Fahrkomfort.
Die für den 170 V lieferbaren Karosserien wurden in Gemischtbauweise hergestellt: Ein Holzgerippe wurde gewissermaßen mit Stahlblech beplankt. Angesichts der vielerorts bereits üblichen Ganzstahlaufbau-

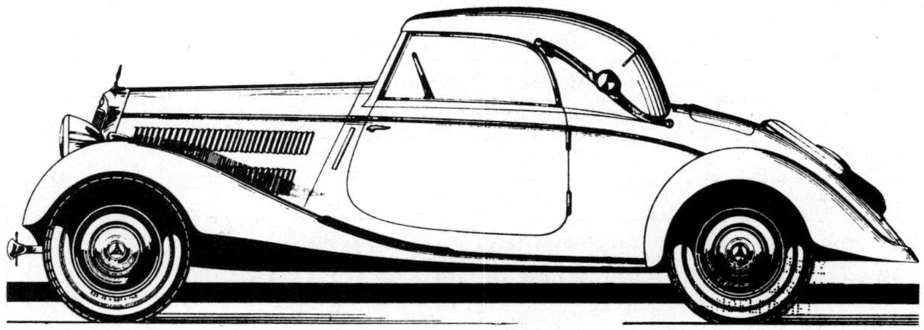

Oben: So wurde beim 170 V Roadster das Verdeck hinter der Rückenlehne versenkt.

Rechts oben: Der 170 V in seiner attraktiven Version als zweitüriger Tourenwagen, wie er bis 1938 erhältlich war.

Rechts: Mercedes-Benz 170 V Cabriolet A.

ten erschien die Sindelfinger Konzeption veraltet, zumal sie ein deutlich höheres Gewicht mit sich brachte und bei häufiger Feuchtigkeit oft Haltbarkeitsprobleme auftraten. Den Mercedes-Karosseriebauern war es jedoch schon immer erklärtes Ziel gewesen, optimalen Komfort zu bieten – und die Gemischtbauweise erwies sich eben auch bei betagten Aufbauten als weitestgehend klapperfrei.

Alle Aufbauvarianten wiesen ein modernes Styling auf, die Linienführung erinnerte entfernt an die Spitzenmodelle des Hauses. Weiche Konturen, ein dem Zeitgeschmack entsprechend kurzes, schräg abgesetztes Heck mit eingelassenem, von außen zugänglichem Ersatzrad, langgestreckte Kotflügel mit seitlichen Schürzen und eine Motorhaube, die von ihrer Länge her ein größeres Kraftwerk vermuten ließ, wirkten höchst elegant. Hintere Stoßstangen gab es beim 170 V erst ab 1937. Sie waren dann nicht mit dem Chassis, sondern noch mit dem versteiften Karosserieabschluß verschraubt. Im Radstand übertraf der 170 V seinen sechszylindrigen Namensvetter um 245 Millimeter und in der Gesamtlänge gar um 330 Millimeter, wirkte aber optisch noch gestreckter, als diese Zahlen vorgaben.

Das Kühlergesicht, das in den folgenden Jahrzehnten nicht nur in Deutschland zu einer markanten Erscheinung werden sollte, sah nicht von Anfang an so aus, wie wir es heute gewohnt sind: Bei der Vorstellung saßen die voluminösen Scheinwerfer noch etwas weiter vorne und dadurch tiefer auf den Kotflügeln. Erst Anfang 1937 stellte sich der 170 V in der heute vertrauten Physiognomie dar, die auch von einer etwas flacher verlaufenden Kühlernase gekennzeichnet wurde. Für ein auf beträchtliche Stückzahlen und rationelle Fertigung angelegtes Mittelklasse-Automobil war der 170 V in einer bunten Vielzahl von Karosserieausführungen lieferbar. Zwei- und viertürige Limousine sowie die viertürige Cabriolimousine erwiesen sich als populärste Modelle. Der für die Wagenkategorie reichlich bemessene Innenraum resultierte nicht nur aus den Gesamtabmessungen und der mäßigen Baulänge des Motors, sondern auch aus einigen Griffen in die karosserietechnische Trickkiste. So waren beispielsweise die hinteren Radkästen als Armlehnen ausgebildet und ermöglichten durch den breiteren Wagenkörper eine großzügigere Schulterfreiheit als im W 15. Die Vordersitze ließen sich um 16 Zentimeter in Längsrichtung verstellen. Dagegen stieß der nur vom Fond aus zu beschickende Kofferraum von bescheidenen Ausmaßen des öfteren auf Kritik. Besonders beim Zweitürer erforderte das Verladen des Reisegepäcks fast artistische Fähigkeiten.

Das vierfenstrige Cabriolet war in seiner Linienführung stark an die Limousine angelehnt und verfügte über eine Lederausstattung. Vor allem für Behördenzwecke war wohl der offene Tourenwagen gedacht, der ein leichtes Verdeck und einsteckbare Cellon-Seitenscheiben besaß. Anfänglich hatte diese Variante zwei Türen, wurde aber ab 1939 viertürig ausgeführt. Hübschestes Modell war unzweifelhaft der

Sport-Roadster, dessen rasantes Äußeres nicht unbedingt im Einklang mit der etwas biederen Leistungsentfaltung stand. Wie beim Sechszylinder war die Windschutzscheibe umzuklappen und im langen Heck war ein »Schwiegermuttersitz« für zwei weitere Persönchen einge-richtet, der auch als Gepäckabteil zu nützen war.

Im Frühjahr 1937 wurde diese Palette durch ein zwei- bis dreisitziges Cabriolet A ergänzt, dessen Blechteile – mit Ausnahme der Türen – weitgehend mit denen des Roadsters identisch waren. Ein nicht versenkbares Verdeck von schwerer Qualität und mit seitlich angebrachten Sturmstangen stellte den Hauptunterschied zum knapp 500 Mark billigeren Sportzweisitzer dar. Hinter den Vordersitzen wies das A-Cabriolet einen weiteren Quersitz auf, der wahlweise auch durch zwei großvolumige Reisekoffer ersetzt werden konnte.

Nach Art des Hauses gab es auch vom 170 V einen Geländesportroadster – oder besser gesagt, deren mehrere: Der 1936 gebaute 170 VR verfügte über die nur wenig in der Leistung gesteigerte Serienmaschine (40 PS mit einem Fallstromvergaser). Eine Aluminiumkarosserie,

Unten: Der runde Kraftstoffbehälter wurde im Herbst 1939 durch einen ovalen Tank ersetzt. Ganz unten: Hinterradaufhängung und Achsantrieb beim Mercedes 170 V.

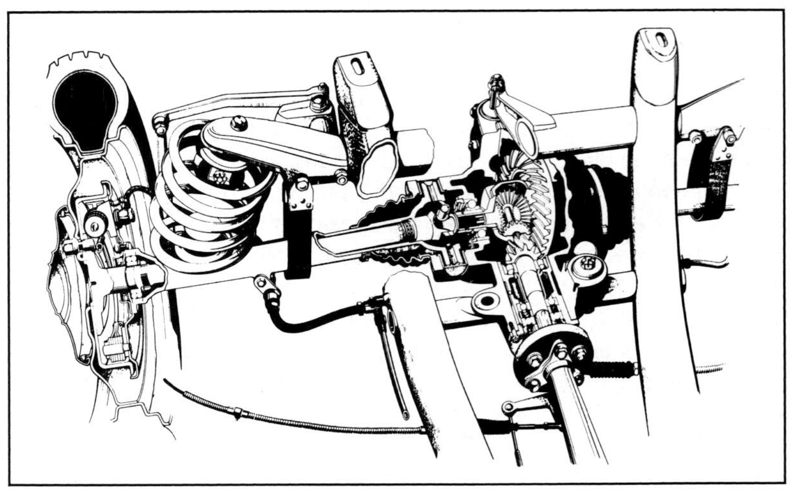

Modell	170 V (W 136)	
Produktionszeit	Dezember 1935 – Oktober 1942	
Motor	Reihen-Vierzylinder M 136	
Bohrung/Hub/ccm	73,5 × 100, 1685 ccm (eff. 1697 ccm)	
Verdichtung	6,0:1	
Leistung	38 PS bei 3400 U/min	
Ventile, Steuerung	sv, 1 seitl. Nockenwelle	
Schmierung	Druckumlauf	
Kühlung	Wasser, Pumpe	
Vergaser	1 Steigstrom Solex 30 BFLVS	
Elektrik	6 Volt 75 Ah	
Kupplung	Einscheiben-Trockenkupplung	
Getriebe	4-Gang	
Lenkung	Schnecke ZF-Roß	
Fußbremse	hydraul., Trommel	
Handbremse	mechan., Hinterräder	
Chassis	Ovalrohr-X-Rahmen	
Radstand; Spur v/h	2845; 1320/1310 mm	
Gesamtabmessungen	4280 × 1570 × 1610 mm	
Bereifung	5.25 – 16	
Tankinhalt	33 Liter, ab Okt. 1939 43,5 Liter	
Leergewicht	1120 kg (Lim. 4 t.), 1160 kg (Cabrio B)	
Höchstgeschwindigkeit	105 km/h	
Stückzahl	71 973	
Preise	Limousine 2t.	RM 3750
	Limousine 4t.	RM 3850
	Cabrio-Lim. 4t.	RM 3950
	Off. Tourer 2t. (bis 1938)	RM 4500
	Off. Tourer 4t. (ab 1939)	RM 4600
	Cabriolet B	RM 4750
	Roadster	RM 5500
	Cabriolet A	RM 5980

stark ausgeschnittene Türen, runde Kotflügel und ein stumpfes Heck hoben diese Variante vom Serienroadster ab. Der 1938 entstandene 170 VS besaß das 1993ccm-Triebwerk (Baumuster M 149, 45 PS) des Geländewagens G 5 und war äußerlich durch die Alligatorhaube und fülligere Kotflügel vom VR zu unterscheiden. Im gleichen Jahr wurde der VS noch zum 200 V (W 149) mit auf 50 PS gesteigerter Motorleistung weiterentwickelt.
Der 170 V wurde in Tests durchwegs positiv beurteilt. Die Fahreigenschaften zogen fast einhelliges Lob auf sich, nur bei glatter Straße empfahl sich eine Belastung des Wagenhecks, um einer das Übersteuern begünstigenden Spurveränderung vorzubeugen. Die Höchstgeschwindigkeit wurde vom Werk mit 108 km/h angegeben, die in Tests nicht ganz zu erreichen waren. Als Autobahn-Dauergeschwindigkeit waren 95 km/h zulässig – die Kurbelwelle des 170 V lief noch in gegossenen Weißmetallagern. Der Kraftstoff-Normverbrauch belief sich auf 9,7 Liter bei 100 Kilometern Fahrstrecke – in der Praxis konsumierte der Wagen bei gemischtem Stadt- und Überlandverkehr 12 l/100 km.
Die Preise des 170 V blieben während der gesamten Bauzeit unverändert und reichten von 3750 Mark für die zweitürige Limousine bis 5980 Mark für das Cabriolet A. Damit wurde der Mercedes-Benz 170 V zum meistgekauften deutschen Wagentyp der unteren Mittelklasse vor dem Kriege. Preisgünstiger als der 170 V war nur der ebenfalls recht kultivierte Opel 2 Liter. Dessen Nachfolger, der Super 6 mit 2,5-Liter-Sechszylinder-ohv-Motor, war gleich teuer, aber wesentlich leistungsfähiger und gehörte eigentlich einer anderen Kategorie an. Wegen ihrer relativ kurzen Bauspannen erreichten diese Opel-Typen nicht den Produktionsrekord des 170 V.

Oben links: 170 VL (W 139) mit Vierradantrieb und Allradlenkung. Oben rechts: Wesentlich seriennäher war der 170 VK, der in großen Stückzahlen an die Wehrmacht geliefert wurde. Links: Der in Sonderserie gefertigte Geländesport-Roadster 170 VS. Oben: Nicht realisierter Autobahn-Prototyp des 170 V.

Der Heckmotorwagen blieb schon zu Lebzeiten eine Rarität, gleichwohl verkörperte er eine signifikante Entwicklungsphase:

Mercedes-Benz 170 H

War der 130 auch keiner massiven Polemik ausgesetzt – geliebt wurde er weder von der Fachwelt noch vom Publikum. In Untertürkheim bemühte man sich deshalb um eine Zweitauflage des Hecktrieblers, bei der alle Schwachpunkte des 130 – Fahrverhalten, Kühlung, Gepäckunterbringung und Formgebung – ausgemerzt waren, ohne daß man das wirtschaftliche Vierzylinderkonzept aufzugeben gedachte.

Noch bevor die Vorbereitungen für den Bau des 170 V in Gang kamen, lief bereits die Entwicklung des Heckmotor-Nachfahren auf vollen Touren. Aus Erfahrung klug geworden, erkannte das Daimler-Benz-Entwicklungsteam unter der Führung von Max Sailer und Fritz Nallinger jedoch bald die Notwendigkeit, zweigleisig zu fahren: Ein Modell gleichen Hubvolumens, aber konventioneller Triebwerksanordnung sollte dem achtern motorisierten Typ zur Seite stehen und diesen ergänzen. Für beide Wagen war ein 1,6-Liter-Motor mit 36 PS Leistung vorgesehen. Ein 160 H erschien jedoch genausowenig auf dem Markt wie ein 160 V. Über eine Handvoll Vorserienwagen kam die 1,6-Liter-Version kaum hinaus. Die in der Daimler-Benz-Produktionsübersicht verzeichnete Zahl von 3976 angeblich im Jahre 1935 gebauter 160 H beruht auf einer Zusammenfassung der 1,6- und 1,7-Liter-Typen. Verbürgt ist die für 1936 angegebene Stückzahl von 26 Exemplaren des 160 H. Bei der IAMA im Februar 1936 wurde der Hecktriebler der zweiten Generation jedenfalls zusammen mit dem 170 V mit 1,7-Liter-Motor präsentiert. Er trug dementsprechend die Typenbezeichnung 170 H, wobei »H« natürlich für »Heckmotor« stand und das Pendant zum Standardkonzept des 170 V verkörperte. Der 130 wurde übrigens noch bis in den Frühsommer 1936 hinein weitergebaut. Diese bei Daimler-Benz heute noch üblichen Modellüberschneidungen ermöglichen durch den langsamen Serienanlauf des jeweils neuen Typs eine

Gegenüberliegende Seite: 170 H Cabrio-Limousine, im Besitz eines bayerischen Vertragshändlers der Daimler-Benz AG. Der Not gehorchend trägt der Wagen nicht authentische Radkappen.

Links: Frontansicht der 170 H Limousine. Rechts: Der Hecktriebsatz des 170 H.

Modell	170 H (W 28)
Produktionszeit	Dezember 1935 – September 1939
Motor	Reihen-Vierzylinder M 28 II
Bohrung/Hub/ccm	73,5 × 100/1685 ccm (eff. 1697 ccm)
Verdichtung	1:6,0 bis 1:7,25 (je nach Kraftstoff)
Leistung	38 PS bei 3400 U/min
Ventile, Steuerung	sv, 1 seitl. Nockenwelle
Schmierung	Druckumlauf
Kühlung	Wasser, Pumpe, Gebläse
Vergaser	1 Steigstrom Solex 30 BFRV
Elektrik	6 Volt 75 Ah
Kupplung	Einscheiben-Trockenkupplung
Getriebe	4-Gang (m. Schnellgang)
Lenkung	Schraube
Fußbremse	hydraul., Trommel
Handbremse	mechan., Hinterräder
Chassis	Zentralrohrrahmen
Radstand; Spur v/h	2600, 1315/1270 mm
Gesamtabmessungen	4200 × 1580 × 1580 mm
Bereifung	5.00 – 17 oder 5.25 – 17
Tankinhalt	40 Liter im Bug
Leergewicht	1100 kg (Lim.)
Höchstgeschwindigkeit	110 km/h
Stückzahl	1507
Preise	Limousine 2t. RM 4350 Cabrio-Limousine RM 4500 Fahrgestell RM 3300

kontinuierliche Umstellung der Produktionseinrichtungen mit allmählichem, nahtlosem Übergang zur vollen Auslastung der Kapazitäten mit dem Nachfolger und gewährleisten damit ein Ausschalten von fertigungstechnisch bedingten Kinderkrankheiten.
Eine Sensation konnte der 170 H natürlich nicht darstellen, andererseits war Skepsis fehl am Platze. Bewährtes war vom Typ 130 übernommen worden, die Hauptmängel erwiesen sich als getilgt.
Wie der 130 wies auch der 170 H einen hinten gegabelten Zentralrohrrahmen auf, ebenso waren die Radaufhängungen im Prinzip identisch. Der Radstand hatte um zehn Zentimeter zugenommen, Fahrkomfort und Innenraumabmessungen dadurch gewonnen. Auch die vordere Spurweite war geringfügig gewachsen. Die exakt arbeitende, aber etwas nervöse Zahnstangenlenkung des 130 war einer unempfindlicheren Schraubenlenkung gewichen.
Der 170 H besaß im Grunde das gleiche Triebwerk wie der 170 V, auch wenn der Hecktriebsatz den Motorencode M 28 II führte, nur war es praktisch um 180 Grad gedreht eingebaut: Der Motor saß hinter, das Getriebe vor der Hinterachse. Die Leistungsabgabe war mit der des 170 V-Motors identisch. Der Zylinderblock war im Gegensatz zu dem

beim 170 V angewandten Prinzip jedoch in vier Punkten in der Chassisgabelung aufgehängt – der Unterschied wurde durch stärkere Vibrationsneigung deutlich spürbar.
Besondere Sorgfalt hatte man auf das Kühlsystem des Typs 170 H verwandt, das erheblich aufwendiger als das beim Vorgängermodell gestaltet war. Dem etwas weniger voluminös als beim 130 gehaltenen Wabenkühler wurde die zur Wärmeabführung nötige Luft über einen Leitschacht von einem turbinenartigen Gebläse zugeführt, das von der Ankerwelle der Lichtmaschine getrieben wurde. Die Luft wurde durch Öffnungen unterhalb des Rückfensters angesogen. Über dem Motor thronte das Ausdehnungsgefäß des teilweise gekapselten Kühlers mit dem Einfüllstutzen. Der Wasserumlauf wurde von einem Thermostat geregelt. Welches Vertrauen man in dieses – in einer Werkspublikation fälschlicherweise mit »Preßluft-Kühlung« bezeichnete – System setzte, zeigte das Fehlen eines Kühlwasser-Fernthermometers. Verständlich, daß eine Kapillarleitung, wie sie ein Heckmotorwagen bedingte, gewisse Probleme aufwarf – auch die 130-Eigner hatten trotz des thermisch kritischen Kühlsystems auf den Temperaturanzeiger verzichten müssen. Die beim 170 H zunächst praktizierte Lösung dieses Problems mutete aber geradezu grotesk an: Wie bei einem Teekessel war am Expansionsgefäß eine Pfeife angebracht, die bei Dampfbildung warnend ertönte!
1937 wurde der Wagen dann mit Anzeigeinstrumenten für die Kühlwasser- und (auch das war kein Luxus) die Öltemperatur ausgerüstet.
Im Gegensatz zum 170 V besaß der Heckmotortyp ein Schnellganggetriebe, das allerdings von der üblichen Mercedes-Linie abwich: Die Gänge waren eng gestuft, eine direkte Schaltstufe gab es nicht. Dritter und vierter Gang waren synchronisiert. Wegen des langen, auf dem Zentralträger des Fahrgestells plazierten Übertragungsgestänges erwies sich schnelles und geräuschloses Schalten als eine hohe Kunst. Nur Geduld und Routine konnten den fehlenden direkten Eingriff der Getriebebetätigung ersetzen.
Völlig überarbeitet hatte man die Karosserie des 170 H, sie war in den Abmessungen deutlich gewachsen. Der neue Heckmotortyp war 15 Zentimeter länger, sechs Zentimeter breiter, aber auch neun Zentimeter höher als der 130. Der 170 H wirkte jetzt durchaus stattlich – er war ja auch kein Kleinwagen mehr – und verfügte über ein ansprechendes Äußeres. Die Linienführung war geglättet worden, wobei man die Silhouette noch stärker ins Käferhafte rundete. Heute drängt diese lange vor dem ersten Volkswagen-Prototyp V 3 vollzogene Formgebung in vielen Stilelementen zu Vergleichen mit dem neuen Volkswagen vom Typ 1.
Im Interieur war der 170 H geräumiger als sein Vorgänger und auch der 170 V. In der Sitzbreite übertraf er das Frontmotormodell deutlich.

Die Sitze wurden als komfortabel gelobt. Die beim 130 bewährte Frischluftheizung war beibehalten und durch einen gekapselten Auspuffkrümmer mit an die Kühlturbine angeschlossenem Luftkasten als »Heizkörper« in ihrer Wirkung verstärkt worden. Einen Punkt der Kritik stellten die nicht spritzwasserdichten Pedalöffnungen im vorderen Fußraum dar.
Bemerkenswert war die deutliche Erweiterung der Unterbringungsmöglichkeiten für das Reisegepäck, mit der man sehr global geäußerter Kritik Rechnung trug. Nach wie vor befand sich hinter der Rücksitzbank ein Gepäckabteil, das durch die Verlegung des Kühlerblocks vergrößert werden konnte und mit einem auf Wunsch lieferbaren zweiteiligen Reisekoffersatz raumökonomisch zu nutzen war. Vor dem Heckfenster stand eine Ablage für Kleingepäck zur Verfügung. Unter der vorderen Haube hatte man die Platzverteilung neu geordnet und einen weiteren flachen Kofferraum à la VW geschaffen. Gleichzeitig war der auf 40 Liter Inhalt vergrößerte Tank nach vorne verlegt wor-

Gegenüberliegende Seite, oben: Im Vergleich zum 130 wies der 170 H einen größeren Gepäckraum auf. Darunter: Armaturenbrett des 170 H mit dem Krückstockhebel für die Feststellbremse.

Links: Das Zentralrohrrahmen-Chassis des 170 H als Ausstellungsstück.

den, da es im Motorraum wegen der Gebläsekühlung etwas eng zuging. Für einen Reisekoffer, den man als Zubehör zum 170 H bei Daimler-Benz kaufen konnte, blieb hinter dem Ersatzrad und dem aufrecht stehenden Tank im Bug aber noch Platz.

Obwohl das Fahrwerk in seinem prinzipiellen Aufbau unberührt geblieben war, erfuhren die Fahreigenschaften des 170 H doch eine spürbare Zivilisierung. Durch den längeren Radstand und die bessere Gewichtsverteilung hatte der Geradeauslauf gewonnen und die Übersteuerneigung trat weniger heftig in Erscheinung. Unter normalen Anforderungen war das Heckmotorkonzept nun durchaus salonfähig – bei Besetzung mit zwei Personen gab sich der 170 H am gutmütigsten. Nur das Bremsen in Kurven war tunlichst zu unterlassen . . .

Auch von den Fahrleistungen her zeigte sich der 170 H in positivem Licht. Obwohl das Wagengewicht von 980 Kilogramm (Typ 130) auf 1125 Kilogramm geklettert war (aber damit noch unter dem des 170 V lag), konnte man sich mit dem Hecktriebler recht flott vorwärtsbewegen. Das Beschleunigungsvermögen war dem des 170 V dank günstigerer Getriebeabstufung überlegen, und die Werkangabe von 110 km/h für die Höchstgeschwindigkeit wurde in Tests sogar leicht übertroffen. Daran war der günstigere Luftwiderstand nicht unbeteiligt. Der durchschnittliche Kraftstoffverbrauch war bei 11,5 Liter für 100 Kilometer angesiedelt.

Mit Preisen, die deutlich über denen des Schwestertyps 170 V lagen, war der 170 H im Verkauf von vornherein gehandikapt. Die Limousine kostete 4350, die Cabriolimousine 4500 Mark. Durch den Hauptkonkurrenten aus eigenem Hause und die Tatsache, daß Beulen im Image nur schwer auszuklopfen sind, stand der 170 H beim Werben um die Gunst des Autokäufers in einer mäßigen Ausgangsposition. Mit seinen unbestreitbaren Qualitäten blieb er ein interessantes Automobil für Individualisten. Als die Produktion 1939 auslief, hatten ganze 1507 Einheiten die Werkhallen verlassen – ein Neuntel der Stückzahl, die der 170 V erreichte.

Als Nachfolger des Typs 200 wurde dieses Modell zu einem der erfolgreichsten Fahrzeuge aus dem Hause Daimler-Benz in den dreißiger Jahren:

Mercedes-Benz 230 W143

Ab Juni 1936 konnte der Typ 200 lang gegen Aufpreis mit einem 55 PS leistenden 2,3-Liter-Motor versehen werden, um jenes Erfolgsmodell adäquat zu motorisieren. Auf die Typenbezeichnung hatte der veränderte Hubraum keinen Einfluß. Das voluminösere Triebwerk war ohnehin für ein Nachfolgemodell der Mittelklasse vorgesehen und bereits im Jahre 1934 entstanden. Es besaß zunächst den Motorencode M 132 und war mit einem Solex-Steigstromvergaser der Type 35 BFLVS ausgerüstet. Mit 50 PS Leistung fand dieser Motor auch im Schnellastwagen 1,5t-L70 Verwendung. Im Winter 1934/35 wurde das Aggregat in einem Vollschwingachs-Versuchswagen mit der Wagennummer W 132 erprobt, von dem 22 Exemplare entstanden. Die Leistung war inzwischen auf 57 PS gesteigert worden. Paradoxerweise wurde der W 132 als Typ 240 geführt, obwohl der Hubraum unverändert bei 2,23 Liter blieb.

Im Oktober 1936 vollzog man in Untertürkheim eine Reihe konsequenter Schritte. Man paßte die Typenbezeichnung des Mittelklassewagens dem (aufgerundeten) Hubraum an und nannte das Auto nun 230, zumal der 2229-ccm-Sechszylinder jetzt ausschließlich in allen Versionen auf beiden Radständen eingebaut war. Gleichzeitig unterzog man die Karosserien einigen Modifikationen, die dem Raumangebot zugute kamen. Ein neuer Wagencode – W 143 – war gerechtfertigt.
Der seitengesteuerte Motor wurde mit der Baumusterziffer M 143 versehen. Inzwischen waren nämlich einige Veränderungen vorgenommen worden, die vor allem den »Stoffwechsel« betrafen. So verfügte dieses Triebwerk über einen Solex-Doppelfallstromvergaser Typ 30 IFFKS, der zunächst wie beim 200 durch Gefällewirkung aus dem im Motorraum untergebrachten Kraftstofftank versorgt wurde. Das Fassungsvermögen dieses Behälters war auf 46 Liter vergrößert wor-

Gegenüberliegende Seite: 230 Innenlenker mit kurzem Radstand, 1937. Links: Das hätte aus dem 230 werden können, wenn es nicht zum Krieg gekommen wäre: Der Typ 260 (W 159) stand 1940 zur Ablösung bereit. Darunter: Zum Vergleich die letzte Ausführung des W 143 mit speziellem Trittbrett-Gepäck.

den. Ab Herbst 1937 wurde der Treibstoff mittels Pumpe aus einem im Wagenheck angeordneten 50-Liter-Tank gefördert, dessen Reservemenge von 4,5 Liter über einen Umschalthahn unter dem Armaturenbrett zugänglich war.
Die Kurbelwelle lief in vier Gleitlagern mit gehärteter Oberfläche. Das Verdichtungsverhältnis konnte der zur Verfügung stehenden Kraftstoffart angepaßt werden. Für dem Betrieb mit reinem Benzin war ein 1:6,56 verdichteter Grauguß-Zylinderkopf gedacht, ein Hochleistungszylinderkopf aus Leichtmetall (Verdichtung 1:7,25) ermöglichte die Verwendung des Benzin-Benzol-Gemisches mit einer Oktanzahl von etwa 82 ROZ, das damals unter der Abkürzung Bi-Bo bekannt war.
Der seidenweich laufende 2,3-Liter-Motor war im Chassis in vier Punkten in Gummi gelagert. Für die Reinigung des Motorenöls war ein im Hauptstrom befindliches Spaltfilter, dessen Mechanismus an das Kupplungspedal angeschlossen war, zuständig. Bei jeder Kupplungsbetätigung säuberte eine Abstreifvorrichtung die Siebe des Filters.
Für den Typ W 143 gab es nacheinander drei verschiedene Ausführungen des Wechselgetriebes: Zunächst wurde das vom 200 her bekannte Schnellganggetriebe mit halbautomatischer Schaltung des vierten Gangs eingebaut. Die extrem kurzen Antriebsübersetzungen entsprachen ebenfalls denen des Vorgängers. Im Frühjahr 1937 erhielt der 230 ein normalgestuftes Vierganggetriebe eigener Konstruktion, bei dem dritter und vierter (direkter) Gang synchronisiert waren. Bereits im Herbst des gleichen Jahres erfuhr die Kraftübertragung eine neuerliche Änderung, als ein bei ZF entwickeltes und gebautes Vierganggetriebe der Type AK 4 S 15 zum Einbau gelangte, bei dem alle Gänge Gleichlaufeinrichtungen besaßen. Damit war der 230 der erste deutsche Personenwagen, der serienmäßig mit einem Vollsynchrongetriebe ausgerüstet wurde.
Wenig Neues gab es beim Fahrgestell zu konstatieren. Der in den Radständen 2700 oder 3050 Millimeter ausgeführte Kastenrahmen des 200 erfuhr ebenso wie die achslose Vorderradaufhängung an Doppelquerfedern und die hintere Schwingachse seine Weiterverwendung.
Ab Januar 1938 wurde die hydraulische Bremsanlage einer wirkungsvollen Modifikation unterzogen: Breitere Bremstrommeln und großflächigere, selbstnachstellende Backen führten zu verbesserten Verzögerungswerten. Die Feststellbremse wirkte nun nicht mehr auf den Hauptwellenstumpf des Getriebes und damit auf die Antriebswelle, sondern über Seilzüge auf die hinteren Bremstrommeln.
Gegenüber dem 200 war die Vielzahl der lieferbaren Aufbauten in Gemischtbauweise etwas eingeschränkt worden. Auf dem Normalchassis mit 2700 Millimeter Radstand – offiziell als Ausführung 230n bezeichnet – gab es eine zwei- und eine viertürige Limousine, die beide gegen einen Aufpreis von 235 Mark mit einem Schiebedach ausgerüstet werden konnten. Die „kurzen" Versionen, die optisch teilweise wenig geglückt wirkten, stießen auf geringe Gegenliebe beim Publikum. Der Radstand, der immerhin um 15 Zentimeter unter dem des 170 V lag, paßte nicht zum Charakter des Wagens. Da die Karosserien im Vergleich zu denen des 200 etwa dreißig Zentimeter länger und acht Zentimeter breiter geworden waren, machten die fülligen Wagen mit dem kurzen Fahrgestell eine schlechte Figur, zumal sie zwangsläufig lange Hecküberhänge aufwiesen. So ist das Einstellen der Fertigung des 230n Ende 1937 als logischer Schritt zu werten.
Als ungleich populärer erwiesen sich die Versionen mit 3050 Millimeter Radstand, die ab Januar 1937 alleinig geliefert wurden. Die „kleinen" Viersitzer-Aufbauten wirkten auf dem längeren Chassis wesent-

lich harmonischer, ohne einen erheblichen Preisunterschied zu bedingen. Für die viertürige Limousine war ein Golde-Faltschiebdach erhältlich – Mehrpreis 235 Mark. Beim Cabriolet B waren alle vier Seitenfenster versenkbar, die mittlere Fenstersäule konnte herausgenommen werden. Das Verdeck wies Ausgleichsfedern am Gestänge auf und konnte von einer Person bequem geöffnet und geschlossen werden. Beim viertürigen Cabriolet D war die Mittelsäule bei geöffnetem Verdeck einzuklappen. Mit Abstand die teuerste Variante war das zweisitzige Cabriolet A mit zwei Behelfssitzen im Heck.
Drei formalere Aufbauten standen zur Auswahl: Die sechsfenstrige Pullman-Limousine konnte mit einem Webasto-Schiebedach bestellt werden – Aufpreis 280 Mark. Das Pullman-Landaulet besaß eine Trennwand mit Schiebefenster und ein kurzes Lederverdeck ohne Sturmstangen, das das hintere Wagenviertel freigab. Diese Variante bot sich für Mietwagenunternehmer an; ohne die Taxi-Ausrüstung wurde sie als „Privat-Landaulet" bezeichnet. Der viertürige Tourer wies im großzügig dimensionierten hinteren Fußraum zwei in Fahrtrichtung angeordnete Notsitze auf, die – wenn nicht benötigt – an die Vordersitz-Zwischenwand geklappt werden konnten.
Die „kleinen" 230-Aufbauten verfügten über integrierte, von außen zugängliche Kofferräume, die sechs- bis siebensitzigen Karosserien besaßen als Grundausstattung eine zusammenklappbare Gepäckbrücke – ein angesetzter, separater Koffer wurde auf Wunsch geliefert. Die beiden Ersatzräder waren stets links und rechts von der Motorhaube befestigt und ruhten in den Mulden der Vorderkotflügel. Nur die fließende Linie des A-Cabriolets wurde durch eine Heckbefestigung des Reserverads betont.
Im Herbst 1937 kam es zu einer formalen Überarbeitung der Karosserien in Angleichung an die Linienführung des 170 V. Der Kühler war stärker gepfeilt, die langen Lampengehäuse stützten sich mit massiven Füßen direkt auf den Kotflügeln ab. Die im Durchmesser verkleinerten Räder wiesen nun große, teilweise in der Aufbaufarbe lackierte Radkappen auf, wie sie im Prinzip bis weit in die Nachkriegszeit hinein beibehalten werden sollten. Die Stoßecken waren kräftiger konstituiert und trugen Hörner. Die Konturen der Fenster zeigten sich gerundeter. Das A-Cabriolet erfuhr ein weit über dieses Facelifting hinausgehendes Restyling. Ein weicher geformtes Verdeck, abgerundete Seitenfenster, ein übergangslos in den Aufbau einbezogener Kofferraum, stark geneigte Windschutzscheibenpfosten und eine geschickt abgesetzte Zweifarbenlackierung verliehen diesem Modell ein exklusives Äußeres.
Geschwindigkeit war keine der Stärken des 230 – bei den knapp anderthalb Tonnen wiegenden Wagen konnte das Leistungsgewicht (25,4 bis 26,5 kg/PS) nur einen bürgerlichen Wert darstellen. In zeitgenössischen Prüfungsberichten wurde die Spitzengeschwindigkeit für den 230n mit 115 bis 118 km/h und für den »langen« 230 mit 109 bis 116 km/h angegeben. Die Beschleunigungszeit für das Erreichen von 100 km/h aus dem Stand wurde mit 38 Sekunden ermittelt. Die Autobahn-Dauergeschwindigkeit war vom Werk auf 105 km/h begrenzt worden. Der Kraftstoffverbrauch belief sich auf 15 Liter für 100 Kilometer. Die Fachzeitschrift *Motor-Kritik* hatte einen 230 hart herangenommen und bei einem Reisedurchschnitt von 72 km/h auf gemischter Strecke 17,5 Liter auf 100 Kilometer gemessen.

Der 230 wurde ein Erfolgsmodell, obwohl ihm die Karriere zum Klassenprimus nicht an der Wiege gesungen worden war. Mit dem Adler 2,5 Liter wäre ihm beinahe ein technisch und preislich hochinteressanter, leistungsfähiger Konkurrent erwachsen, aber der hessische Stromformwagen war nie vollends ausgereift. Die im Konzept dem 230 vergleichbaren Wanderer-Typen W 23 und W 26 konnten gute Verkaufserfolge vorweisen, ohne aber die Stückzahlen des schwäbischen Pendants im entferntesten zu erreichen. Der Stoewer Sedina aus Stettin, der einen obengesteuerten Vierzylinder von 2,4 Liter Hubraum besaß, war wohl etwas preisgünstiger als der 230, galt aber schon zu Lebzeiten als Außenseiter, was sich in exklusiven Produktionsziffern

Gegenüberliegende Seite, oben: 230 Arzt-Kombinationslimousine 1938 – eine Art Krankenwagen. Darunter: Ein von Reutter, Stuttgart, im Jahre 1937 karossierter Stromlinien-Innenlenker. Links oben: Ob diese Stahlspeichenräder beim 230 in Serie gingen, ist fraglich.

Oben, links und unten: B-Cabriolets der Jahrgänge 1938 und 1936.

niederschlug. Und der Opel Super 6 samt seinem Nachfolger Kapitän gehörte zwar vom Hubraum her der Zweieinhalbliter-Klasse an – mit ihren Preisen, die bis zu 3000 Mark unter denen der entsprechenden Versionen des 230 lagen, waren die Rüsselsheimer jedoch einer anderen Kategorie zuzurechnen.

So gab es in der zweiten Hälfte der dreißiger Jahre in Deutschland in jener Klasse gewiß schnellere, preisgünstigere und wirtschaftlichere Wagen als den 230 – ein schönerer existierte wohl kaum und einer, der sich besserer Fertigungsqualität und eines höherwertigen Raffinements im Detail rühmen konnte, mit Sicherheit nicht. Diesen Anspruch unterstreicht die Produktionsrate: Bis zum kriegsbedingten Serienauslauf im Jahre 1941 wurden 20 290 Exemplare des 230 in allen Ausführungen gebaut. In dieser Zahl sind 1950 Fahrzeuge mit langem Fahrgestell enthalten, die im Werk Mannheim karossiert wurden – vornehmlich Kraftdroschken.

Während für die zwei- bis viersitzig karossierten Versionen des 230 bereits der W 153 zur Ablösung bereitstand, erprobte man ab 1938 unter dem Code W 159 auch für die geräumigeren Ausführungen der 2,3-Liter-Reihe einen Nachfolger. Die Prototypen waren mit ihren Ovalrohr-X-Rahmen an den W 153 angeglichen, besaßen aber erheb-

Lesen Sie bitte weiter auf Seite 118

Modell	230 n (W 143)	230 (W 143)
Produktionszeit	Oktober 1936 – Dezember 1937	Oktober 1936 – Januar 1941
Motor	Reihen-Sechszylinder	Reihen-Sechszylinder
Bohrung/Hub/ccm	72,5 × 90/2213 ccm (eff. 2229 ccm)	72,5 × 90/2213 ccm (eff. 2229 ccm)
Verdichtung	6,56 oder 7,25:1	6,56 oder 7,25:1
Leistung	55 PS bei 3600 U/min	55 PS bei 3600 U/min
Ventile, Steuerung	sv, 1 seitl. Nockenwelle	sv, 1 seitl. Nockenwelle
Schmierung	Druckumlauf	Druckumlauf
Kühlung	Wasser, Pumpe	Wasser, Pumpe
Vergaser	1 Doppel-Fallstrom Solex 30 IFFKS	1 Doppel-Fallstrom Solex 30 IFFKS
Elektrik	6 Volt 75 Ah	6 Volt 75 Ah
Kupplung	Einscheiben-Trockenkupplung	Einscheiben-Trockenkupplung
Getriebe	bis März 1937: 4-Gang m. Schnellg., ab 3/1937: 4-Gang, ab 10/1937 4-Gang ZF	
Lenkung	Schnecke ZF-Roß	Schnecke ZF-Roß
Fußbremse	hydraul., Trommel	hydraul., Trommel
Handbremse	mechan., Kardanwelle, ab Jan. 1938: Hinterräder	
Chassis	Preßstahl-Kastenrahmen	Preßstahl-Kastenrahmen
Radstand; Spur v/h	2700; 1370/1390 mm	3050; 1370/1390 mm, ab 1/39: 1390/1418 mm
Gesamtabmessungen	4400 × 1730 × 1610 mm	1936/37: 4500 (Pullm. 4790) × 1730 × 1600 ab 10/37: 4600 (Pullm. 4830) × 1720 × 1610
Bereifung	5.50 – 17, ab 9/37: 6.00 – 16	6.00 – 16 oder 6.50 – 16
Tankinhalt	46 Liter, ab Oktober 1937 50 Liter	46 Liter, ab Oktober 1937 50 Liter
Leergewicht	1320 kg (Lim.)	1450 kg (Lim.), 1580 kg (Pullman)
Höchstgeschwindigkeit	118 km/h	115 km/h
Stückzahl	20 290 (230 und 230n)	
Preise	Limousine 2t. RM 4990 Limousine 4t. RM 5270 Cabriolet C RM 6500 Roadster RM 6500 Cabriolet A RM 7500 Fahrgestell RM 4200 Schiebedach f. Lim. RM 235	Limousine 4t. bis 11/38 RM 5 875 Cabriolet B bis 11/38 RM 7 165 Cabriolet D bis 11/38 RM 8 375 Cabriolet A bis 11/38 RM 11 675 Pullm.-Limousine RM 6 725 Landaulet RM 7 075 Off. Tourenwagen RM 7 125

Ganz oben: 230 Limousine von 1936. Oben: Geländesport-Roadster des Typs 230 N, 1937.

Rechts: 170 H des Autohauses Hornung, Garmisch-Partenkirchen.

TYP 170H 1936

Oben: 540 K Spezial-Roadster von 1937. Dieses Ausstellungsstück der Londoner Automobilausstellung wurde vom Sultan von Johore erworben und existiert noch heute. Gegenüberliegende Seite: 320 Pullman-Limousine Jahrgang 1939.

Oben: 500 K Sedanca, 1936 von Corsica karossiert. Dieses Juwel gehört einem amerikanischen Sammler.

Gegenüberliegende Seite: Nürburg 500 Pullman-Limousine von 1934. Besitzer: Werner Friedrich, München.

Oben: In der offiziellen Flotte des französischen Luftfahrtministers befand sich gleich nach dem Krieg neben zwei Cadillacs auch dieser 770. Gegenüberliegende Seite: Teilansicht der Werksanlagen von Untertürkheim im Jahre 1940.

Gegenüberliegende Seite: 540 K Cabriolet A. Der Wagen wurde unter großem Aufwand restauriert und gehört einem westfälischen Sammler.

Oben: 230 (W 143) Cabriolet B 1937. Besitzer dieses seltenen Autos ist Jodok Krumbacher, Oberstdorf.

Oben: 540 K Nachkriegsumbau der Firma Buhne. Rechts: Ein 540 K Roadster kehrt aus Südamerika zurück an seine Geburtsstätte und wird vor dem Daimler-Benz-Werksmuseum ausgeladen.

585x210x165
M B A
214
HAMBURGO

Links: 540 K Roadster 1938 mit Spezialkarosserie von der berühmten Firma Erdmann & Rossi, Berlin.

Der Wagen befindet sich in einer Privatsammlung in den Vereinigten Staaten.

Oben: 320 Stromlinienlimousine 1939. Dieses seltene Stück wurde aus Portugal kürzlich nach Deutschland eingeführt.

lich längere Radstände – zunächst 3150, ab 1940 gar 3450 Millimeter. Die stilistisch zunächst noch an die bestehende Baureihe W 143 angelehnten, ab 1940 aber mehr an die Formgebung des W 153 und der Nachkriegs-Neuentwicklungen erinnernden Sechs- und Siebensitzeraufbauten wiesen fast gigantische Ausmaße auf – die Gesamtlänge sollte bis zu 5230 Millimeter betragen. Die drei projektierten Karosserieformen – Pullman-Limousine, Landaulet und offener Tourenwagen – verfügten auf höheren Planungsstufen über geschickt integrierte, großzügig bemessene Kofferräume mit bis zu 250 Liter nutzbaren Volumens. Das bis 1939 noch vorgesehene, althergebrachte 2,3-Liter-Triebwerk erwies sich in diesen Wagen als klar überfordert. Ab Anfang 1940 gelangte deshalb mit dem relativ kurzhubig ausgelegten, obengesteuerten Sechszylinder des Baumusters M 159 ein modernes Aggregat zum Einbau.

Mit seinem unzweifelhaften Verkaufserfolg war der 230 (zusammen mit dem 170 V) an der Untertürkheimer Prosperität nicht unbeteiligt: Der Jahresumsatz der Daimler-Benz AG stieg von 295 Millionen Reichsmark im Jahre 1936 auf 367 Millionen im Jahre 1937 und schließlich ein Jahr später auf 396 Millionen. Die Dividende wies eine ebenso steigende Tendenz auf. Der Marktanteil im Inlands-Personenwagenverkauf überschritt die Zehn-Prozent-Schwelle, die Exportquote schwang sich zu 45 Prozent der Gesamtproduktion auf – Deutschlands älteste Automobilfabrik lag bestens im Rennen, in wörtlich zu nehmender wie in übertragener Hinsicht.

Ganz oben: 230 Cabriolet A von 1937, darunter der Vorgänger aus dem Jahre 1936.

Der erste serienmäßig hergestellte Diesel-Personenwagen erwies sich auf Anhieb als konstruktive Glanzleistung:

Mercedes-Benz 260 D

In den Jahren 1933 und 1934 kam es in Untertürkheim unter der Leitung von Oberingenieur Albert Heess – der sich bei der Weiterentwicklung des SSK-Triebwerks und im Grand-Prix-Motorenbau einen Namen machte – und Dr.-Ing. Eckart Schmidt zu ersten Pkw-Dieselversuchen. In zwei Mannheim-Limousinen des Baumusters W 10 gelangten Sechszylinder-Dieselmotoren der Type OM 80 (OM = Ölmotor), die nach dem Vorkammer-Prinzip arbeiteten und eine Leistung von 80 bzw. 82 PS bei 2800 U/min abgaben, zum Einbau und wurden ausführlichen Prüfungen unterzogen. Auch ein Oberhänsli-Wirbelkammer-Dieselmotor mit vier Zylindern und 2,2 Liter Hubvolumen wurde in einer Mannheim-Limousine getestet. Diese Versuche verliefen im ganzen recht positiv und legten den Grundstein für den Serien-Dieselpersonenwagen der Type 260 D. Jedoch: Die für die IAMA 1934 ins Auge gefaßte Vorstellung des 380 D unterblieb, da man die Belastung der Lager bei den im Gegensatz zu Lkw- und Stationärmotoren relativ leichtgebauten Aggregaten noch nicht im Griff hatte und Elastizität wie Laufkultur auch noch nicht befriedigten.

Voller Enthusiasmus wurde das Dieselkonzept in einer im Werk Gaggenau eigens geschaffenen Entwicklungsabteilung unter Oberingenieur Albert Heess weiterverfolgt. Dem Versuchsmotor OM 20 wurden erst einmal zwei Zylinder amputiert, bei unveränderten Zylinderabmessungen ergaben sich dadurch 2,53 Liter Hubraum. Der Vierzylinder erfuhr nun eine sorgfältige Abstimmung des Verbrennungsablaufs und eine Überarbeitung des Kurbeltriebs. In minuziöser Kleinarbeit und unter außerordentlichen Mühen gelangte man schließlich zu einem serienreifen Triebwerk, das über eine ansprechende Leistung verfügte und von seiner Laufruhe her für den Einbau in Personenwagen geeignet war.

Gegenüberliegende Seite: 260 D Innenlenker von 1937.

Oben: 260 D Pullman-Limousine, letzte Ausführung von 1939.

Die ökonomische Bedeutung des Dieselmotors im Personenwagen – besonders für Vielfahrer und für das Mietautogewerbe – hatte man in Untertürkheim schon früh erkannt. Zum einen strebte man danach, den relativ hohen Wirkungsgrad des Diesels, der sich in einem geringen spezifischen Brennstoffverbrauch ausdrückte, auch für leichtere Fahrzeuge nutzbar zu machen. Andererseits bestand in den dreißiger Jahren in Deutschland noch ein deutlicher Preisunterschied zwischen Diesel- und Vergaserkraftstoff: Während das niederoktanige Tankstellenbenzin je Liter 39 Pfennig und das Benzin-Benzol-Gemisch 42 Pfennig kostete, lockte das Gasöl mit einem Literpreis von 24 Pfennig – oder gar 19 Pfennig, sofern man als Unternehmer des Personenbeförderungs-Gewerbes im Besitze eines Zollvergünstigungsscheines war. Handicap blieben das hohe Motorgewicht, das damals noch nicht unter fünf Kilogramm pro PS zu bringen war, und die beträchtlich höheren Herstellungskosten, die wegen des hohen Verbrennungsdrucks durch exaktere Passungen und höherwertige Werkstoffe bedingt waren.

Alle konstruktiven Klippen waren im Herbst 1935 glücklich umschifft, die Serienproduktion des ersten Diesel-Pkw der Welt konnte anlaufen. Zunächst wurde der 260 D nur in vergleichsweise geringen Stückzahlen gefertigt, da der Wagen zur gewerblichen Nutzung als Kraftdroschke auserkoren war. Nachdem bereits zwei Dutzend 260 D die Taxistände des Reiches bevölkerten, wurde der Wagen der Öffentlichkeit im Februar 1936 anläßlich der an Sensationen gewiß nicht armen IAMA in Berlin offiziell vorgestellt und bildete auf dem Daimler-Benz-Stand neben dem 170 V den zweiten Publikumsmagneten.

Wenn auch der 260 D international Aufsehen erregte, die Novität an diesem Fahrzeug beschränkte sich auf den Motor. Das Fahrgestell entsprach in allen Einzelheiten – mit Ausnahme des angesichts des höheren Motorgewichts verstärkten Vorderradaufhängung – dem des Typs 200 lang. Auch die zunächst als einzige Aufbautype gelieferte Landaulet-Karosserie war mit der des 200 identisch. Ab Oktober 1936 basierte der 260 D auf dem 230, dessen Aufbautenpalette bis auf das Cabriolet A und den Tourerer aber erst nach 170 ausgelieferten Exemplaren im Frühjahr 1937 übernahm. Selbstverständlich kamen alle stilistischen Änderungen am 230 auch dem 260 D zugute. Pullman-Landaulet und Pullman-Limousine waren zwar die meistgeorderten Karosserieformen, aber das Angebot an viersitzigen Varianten erfreute sich steigender Popularität – was letztlich zeigte, daß der 260 D auch Privatkunden von seiner Wirtschaftlichkeit überzeugte. Einziges äußeres Unterscheidungsmerkmal zum Schwestertyp mit Ottomotor war der Schriftzug »Diesel«, der ab 1938 auf Wunsch an der Kühlermaske angebracht werden konnte. Dieses Sonderzubehör war die einzige Möglichkeit für energiebewußte 260-D-Eigner, ihren Mitmenschen ihre Haltung zu dokumentieren, da sich das Fahrgeräusch für Laien nur wenig vom Sound eines Vergasermotors unterschied und sich auch die »Dieselfahne« in Grenzen hielt.

Schließlich war es auch ein langwieriges Unterfangen gewesen, den Pkw-Diesel zu kultivieren, salonfähig zu machen. Der OM 138 arbeitete nach dem Daimler-Benz-Vorkammerverfahren, für das die schwäbische Firma das Patent hielt. Der sich aufwärtsbewegende Kolben drückte dabei die angesogene Luft in eine dem eigentlichen Brennraum vorgelagerte Kammer, in die der Kraftstoff eingespritzt wurde. Dort fand zunächst nur eine Teilverbrennung statt, die eine Drucksteigerung bewirkte und den in der Vorkammer noch unverbrannten Kraftstoff über dem Kolben entzündete. Ein ungekühlter, temperaturregelnder Einsatz mit mehreren Kanälen sorgte für den nötigen Zündverzug zwischen Vorkammer und Hauptverbrennungsraum. Da der

Rechts: **Mercedes 260 D, Heckansicht der ersten Bauform des Innenlenkers 1935/36.**

Verbrennungsablauf somit in zwei Phasen erfolgte und der Druck allmählich anstieg, konnte eine stoßweise Belastung der Kurbelwellen- und Pleuellager vermieden werden.
Die Ventile waren – wie bei Dieselmotoren üblich – hängend angeordnet und wurden von einer seitlichen Nockenwelle betätigt. Die Kurbelwelle war fünffach gelagert, während Vierzylinder-Ottomotoren normalerweise nur drei Hauptlager aufwiesen. Die Lager des OM 138 waren zudem sehr reichlich dimensioniert – die auftretenden Drücke verlangten ihren Tribut. Auch die Laufruhe stand letztlich in Relation zur Bemessung der Lager.
Die Einspritzung erfolgte durch eine Zapfendüse im oberen Totpunkt des Kolbens bei relativ geringem Druck. Das Vorkammerverfahren ermöglichte – und darin bestand die große Chance für den Pkw-Dieselmotor – neben einem weichen Verbrennungsablauf auch niedrigere Einspritzdrücke, beim 260 D rund 80 Atmosphären. Die Bosch-Einspritzpumpe mit pneumatischer Regelung durch den Unterdruck zwischen Drosselklappe und Vorkammer statt Fliehkraftsteuerung war im Auftrag der Daimler-Benz AG entwickelt worden und seit 1934 produktionsreif. Sie besaß für jeden Zylinder ein eigenes Pumpenelement und ermöglichte eine exakte Dosierung des injizierten Gasöls. Die Drehzahlregulierung erfolgte natürlich durch den Beschleunigungs-Fußhebel (der Terminus »Gaspedal« wäre nicht ganz korrekt), der die Drosselklappe im Luftansaugrohr verstellte und damit die Förderleistung der Pumpe beeinflußte.
Bei einer Verdichtung von 1:20,5 leistete der Schwerölmotor 45 PS bei 3000 U/min – einer für Dieselmaschinen damals ungewohnt hohen Drehzahl. Der Schnelläufer besaß natürlich ein vergleichsweise hohes Gewicht, so daß man die Lager und die Gesamtstruktur von Block und Kopf reichlich dimensioniert hatte. Obwohl Vorkammermotoren einer höheren Wärmebeanspruchung des Verbrennungsraumes unterliegen als Triebwerke anderer, vergleichbarer Arbeitsweisen, warf die Kühlung keinerlei Probleme auf. Der 260 D verfügte über den gleichen Wabenkühler wie der 230 und über ein thermostatisch gesteuertes Umlaufsystem.
Da die beim Verdichtungstakt in die Vorkammer ausweichende Luft eine Abkühlung erfährt, muß dieser Raum während des Anlaßvorgangs durch eine Glühkerze vorgeheizt werden. Die ursprünglich für den 260 D vorgesehene Vorwärmvorrichtung – eine elektrische Heizspirale, die das in einem kleinen Vorratsbehälter im Motorraum befindliche Gasöl erhitzte – war wieder fallengelassen worden. Alle Prüfungsberichte jener Tage konzedierten dem 260 D einwandfreie Startwilligkeit auch bei niedrigen Außentemperaturen. Der kräftige 2,5-PS-Anlasser (ab 1938 gab dieses Aggregat sogar vier PS ab) wurde durch einen Hebel am Armaturenbrett betätigt, der mehrere Schaltstufen

Ganz oben: 260 D sechssitzige Pullman-Limousine des Jahrgangs 1937, wie sie vorzugsweise vom Taxigewerbe eingesetzt wurde. Darunter: 260 D Landaulet 1937 ebenfalls bei Mietwagenunternehmen beliebt.

Oben rechts: Das Armaturenbrett des Mercedes 260 D als Taxiversion 1939 mit eingebauter Uhr.

aufwies – von der Vorglühstellung bis zur Abriegelung der Treibstoffzufuhr beim Abstellen des Motors. Der 260 D verfügte zunächst über eine 12-Volt-Elektrik mit einer 200-Watt-Lichtmaschine. 1938 erhielt er ein 24-Volt-Bordnetz mit zwei in Serie geschalteten 12-Volt-Akkus. Der OM 138 erfreute durch einen vibrationsarmen Lauf. Die konzeptbedingt noch vorhandenen Schwingungen auf das Chassis konnten durch die »Schwebelagerung« des Motors fast völlig kompensiert werden: Die Maschine ruhte wie die des 170 V in zwei Gummiaufhängungen, deren (gedachte) Verbindungsachse durch den Schwerpunkt des Motors führte. Nur im Leerlauf verriet der Diesel sein Arbeitsprinzip durch deutliches Nageln. Mancher 260-D-Besitzer mußte es sich gefallenlassen, von Tankstellen- oder Parkplatzpersonal auf einen angeblichen Lagerschaden hingewiesen zu werden, da weite Kreise mit der Akkustik eines Diesel-Pkw noch nicht vertraut waren. Es sollte noch anderthalb Jahrzehnte dauern, bis die Existenz von Diesel-Personenwagen voll im Bewußtsein des Normalbürgers verankert war.

Modell	260 D (W 138)	
Produktionszeit	November 1935 – April 1940	
Motor	Vierzylinder-Reihen-Dieselmotor OM 138	
Bohrung/Hub/ccm	90 × 100/2527 ccm (eff. 2545 ccm)	
Verdichtung	20,5:1	
Leistung	45 PS bei 3000 U/min	
Ventile, Steuerung	ohv; 1 seitl. Nockenwelle	
Schmierung	Druckumlauf	
Kühlung	Wasser, Pumpe	
Einspritzung	BOSCH-Einspritzpumpe	
Elektrik	1935–37: 12 Volt 105 Ah, ab 1938: 2 × 12 Volt 62,5 Ah	
Kupplung	Einscheiben-Trockenkupplung	
Getriebe	bis Okt. 1937: 4-Gang m. Schnellg., ab 10/37: 4-Gang ZF	
Lenkung	Schnecke mit Lenkfinger	
Fußbremse	hydraul., Trommel	
Handbremse	mechan., bis Ende 1937: Kardanw., ab 1938: Hinterräder	
Chassis	Preßstahl-Kastenrahmen	
Radstand; Spur v/h	3050 mm; 1370/1390 mm, ab 1/1939: 1390/1418 mm	
Gesamtabmessungen	Landaulet: 4800 × 1730 × 1600 mm Lim. ab 10/37: 4600 × 1720 × 1610 mm	
Bereifung	bis Okt. 1936: 5.50 – 17, dann 6.00 – 16 oder 6.50 – 16	
Tankinhalt	50 Liter	
Leergewicht	1600 kg (Lim.)	
Höchstgeschwindigkeit	95 km/h	
Stückzahl	1967	
Preise	Landaulet	RM 7900
	Limousine 4t.	RM 6800
	Pullman-Limousine	RM 7600
	Cabriolet B	RM 8500
	Cabriolet D	RM 9500
	Fahrgestell	RM 5800

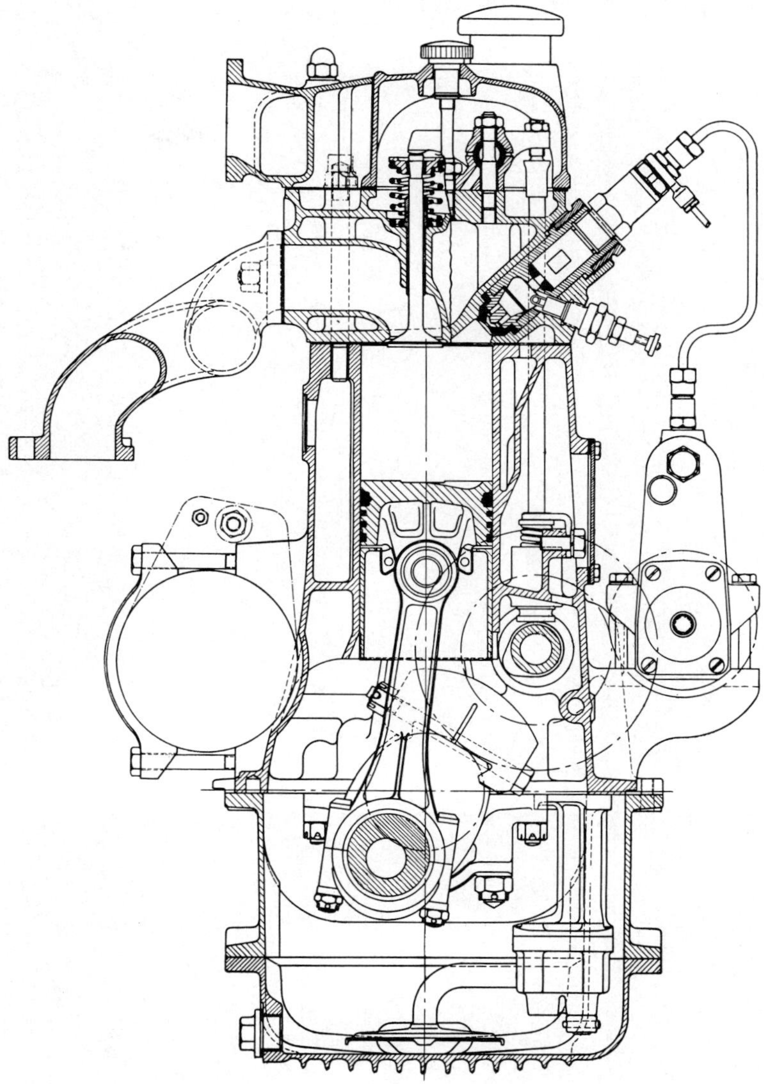

Schnitt durch den Dieselmotor des 260 D. Vorkammer, Verbindungskanäle, Einspritzdüse und Glühkerze im Zylinderkopf des ohv-Triebwerks sind gut erkennbar.

Links: Dieselmotor des 260 D mit Bosch-Einspritzpumpe.

Oben: Anfängliche Startschwierigkeiten beim 260 D im Winterbetrieb hatte man bald im Griff.

Das Fahrgeräusch des 260 D wurde im Interieur als angenehm empfunden, ab 40 km/h war nur noch ein Summen zu vernehmen. Die weiche und elastische Weise, mit der das Dieseltriebwerk seinen Pflichten nachkam, war von der eines vergleichbaren Ottomotors dann kaum zu unterscheiden.

Der 260 D besaß zunächst das Schnellgang-Getriebe des 200, das in seiner Stufung mit der Drehmomentcharakteristik des Dieselmotors nicht unbedingt optimal harmonierte. Ab 1938 wurde es deshalb durch ein vollsynchronisiertes ZF-Vierganggetriebe ersetzt, das weiter als das des 230 gestuft war. Die extrem kurze Antriebsübersetzung von 1:6,25 wurde aus Gründen der Agilität beibehalten.

Der behende Selbstzünder ließ den 260 D durchaus ansehnliche Fahrleistungen erreichen. Die *Allgemeine Automobil-Zeitung* ermittelte in einem Test eine Höchstgeschwindigkeit von 95,7 km/h. Im Temperament zeigte sich der Diesel nur im unteren Drehzahlbereich vergleichbaren Wagen mit Vergasermotor unterlegen. Dank der fortschrittlichen Fahrwerkskonzeption ließen sich auch mit dem beachtlichen Leistungsgewicht von über 34 kg/PS hohe Reisedurchschnitte erzielen. Im Verbrauch erwies sich der 260 D erwartungsgemäß als genügsam. Die Werkangabe (9 bis 11 Liter für 100 Kilometer) wurde in Tests bestätigt. Die *AAZ* ermittelte einen Konsum von 10,8 l/100 km im gemischten Verkehr und sprach dem 260 D die Betriebskosten eines Kleinwagens zu – die Kilometerkosten beliefen sich auf knapp drei Pfennig! Eine Tankfüllung reichte für 450 bis 500 Kilometer, dennoch war der Brennstoffanzeiger im Auge zu behalten. Denn einerseits bedeutete das Leerfahren des Tanks ein äußerst umständliches Entlüften der Leitungen und der Pumpe, zum anderen waren Dieseltankstellen damals noch recht dünn gesät. Es sei daran erinnert, daß in den dreißiger Jahren auch viele Lastkraftwagen noch Benzinmotoren besaßen und der Gasölbedarf im Reich relativ gering war.

Die verschiedenen Karosserievarianten des 260 D waren zwischen 825 und 1325 Mark teuerer als die entsprechenden Versionen des 230. Mit Preisen bis zu 9500 Mark war der Edeldiesel gewiß kein billiges Automobil, aber der Mehrpreis gegenüber den Vergasermodellen konnte sich bei hoher Jahresfahrleistung angesichts der günstigen Betriebskosten schnell amortisieren. Um 2000 bis 3500 Mark niedriger lag der Anschaffungspreis des einzigen artgleichen Konkurrenten, den der 260 D hatte: Der Hanomag Rekord Diesel wurde ebenfalls bei der IAMA 1936 vorgestellt und war mit einem 1,7-Liter-Vorkammermotor projektiert worden, ging aber erst (mit einem 1,9-Liter-Diesel) 1938 in die Serie. Immerhin wurden von dem Hannoveraner Schweröl-Pkw dann in zweieinhalb Jahren mehr als tausend Einheiten gefertigt. Der 260 D erreichte in fünf Produktionsjahren eine Stückzahl von 1967 Einheiten – der Hanomag erfreute sich demnach einer etwas stärkeren Nachfrage.

Ein großer Anteil dieser 260 D überlebte den Krieg, zumal der Dieseltyp kein Feldgrau tragen mußte. Dafür kämpften diese Wagen aber um so verbissener an der »Heimatfront« und wurden für die Versorgung der Zivilbevölkerung, als Ambulanzfahrzeuge, für Evakuierung und Regionalverteidigung dienstverpflichtet. Nach dem Krieg arbeiteten die strapazierten Wagen wieder als Droschken und tauchten allenthalben an Taxistandplätzen auf – diese harten Jobs hatten die Diesel dann nicht selten bis weit in die fünfziger Jahre hinein inne. Rekordhalter dürfte ein in Weilheim an der Teck stationierter Mietwagen gewesen sein, der in 13 Jahren weit mehr als eine Million Kilometer störungsfrei zurücklegte, zu einem beträchtlichen Teil mit einem Viehanhänger im Schlepp. Nur alle 250 000 Kilometer war dabei ein Austauschmotor fällig gewesen – Beweis für das ausgereifte Diesel-Konzept aus Untertürkheim.

Der 260 D sollte in den vierziger Jahren einen leistungsstärkeren Nachfolger erhalten. Im Jahre 1939 wurde eine Versuchsserie von 19 Wagen des Typs 290 DV (W 166) erprobt, und mitten im Krieg entstanden 1943 weitere vier Exemplare des Prototyps 290 D. Die 2,9-Liter-Dieselmotoren der Baumuster OM 166 bzw. OM 168 waren aus dem OM 138 entwickelt worden und leisteten 49 bzw. 50 PS. In allen Einzelheiten von Chassis, Fahrwerk und Aufbauten sollte der W 166 dem parallel konzipierten Vergaser-Pkw W 159/260 entsprechen. Der Zusammenbruch 1945, der auch den schwäbischen Konzern schwer traf, vereitelte aber neben vielen anderen Vorhaben auch dieses Projekt. Außerdem befand sich schon während des Krieges eine Dieselversion des 1,7-Liter-Vierzylinders in Entwicklung, absolvierte erfolgreiche Prüfstandsläufe und erwies sich vor allem als ungleich wirtschaftlicher. Und gerade darauf kam es ja nach 1945 auch an.

Als Synthese aus bewährter Motorenkonstruktion und moderner Formgebung erschien kurz vor dem Kriege ein neues Modell der oberen Mittelklasse:

Mercedes-Benz 230 W153

Sang- und klanglos lieferte Daimler-Benz ab Spätherbst 1938 die zwei- bis viersitzigen Versionen des 230 mit einem brandneuen Fahrgestell und in neu geschneidertem Gewande aus. Der 2,3-Liter-Wagen war derart weitgehend modifiziert worden, daß eine neue Wagennummer gerechtfertigt erschien: W 153. Dieser Typ stellte eine Konstruktion von Hans Gustav Röhr dar, der bis 1931 in Oberramstadt in eigener Regie Automobile hergestellt hatte, dann zu Adler übergewechselt war, um dort die Frontantriebsmodelle zu kreieren und seit dem 17. September 1935 bei Daimler-Benz die Oberleitung der Abteilung Entwicklung und Konstruktion der Serien-Pkw innehatte. Als Röhr im August 1937 verstarb, war der W 153 auf dem Zeichenbrett fertiggestellt, und es oblag Röhrs langjährigem Mitarbeiter Joseph Dauben, den Typ zur Produktionsreife zu bringen.
Bewußt ersetzte man lediglich die »kleinen« Ausführungen des 230 durch die Neukonstruktion, da für die geräumigeren Versionen mit dem W 159 ein gesonderter Nachfolger projektiert wurde, aber niemals in Serie ging. Das offizielle Debüt des neuen 230 erfolgte anläßlich der IAMA im Februar 1939.
Während die sechssitzigen 230 des Baumusters W 143 unverändert weitergebaut wurden und den Kastenrahmen beibehielten, wies der W 153 einen aus Ovalrohren zusammengeschweißten X-Rahmen auf, der im Aufbau dem des 170 V glich. Dieses reichlich querversteifte Gebilde gabelte sich vorne und hinten zur Aufnahme des Motor- und Getriebeblocks bzw. des Differentialgehäuses. Der Radstand von 3050 Millimeter blieb ebenso erhalten wie die Vorderradaufhängung an zwei Querblattfedern und die ZF-Roß-Lenkung. Die hintere Pendelachse wies nun statt der paarweise angeordneten Spiralfedern nur je eine Schrauben-Druckfeder pro Achshälfte auf.

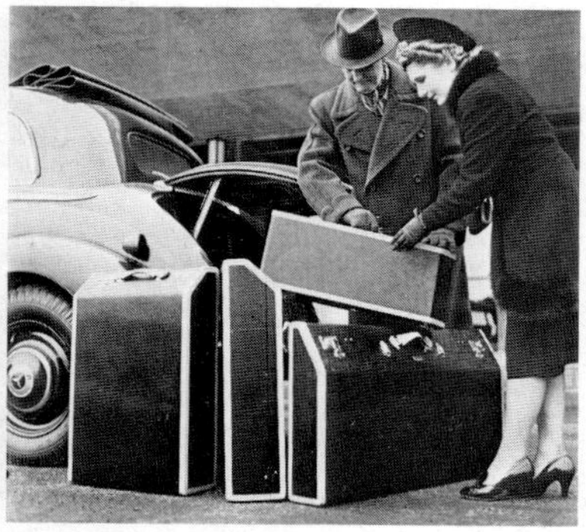

Gegenüberliegende Seite: 230 (W 153) Innenlenker, Modell 1939. Oben links: 230 (W 153) Cabriolet B 1939. Rechts: Wie bei Daimler-Benz üblich, konnte auch für den W 153 gegen Aufpreis ein Spezialkoffersatz geordert werden.

Das Triebwerk des Baumusters M 143 wurde zunächst weitgehend unverändert übernommen. Durch Änderungen am Zylinderkopf hatte man die Verdichtung auf 1:6,25 herabgesetzt und damit den Motor an die Normalqualität des Tankstellenbenzins mit einer Oktanzahl von 74 ROZ angepaßt. Auch der Hochkompressions-Zylinderkopf für Bi-Bo-Gemisch war nun mit 1:7,0 niedriger verdichtet. Neu waren die automatische Gemischvorwärmung, wie sie auch der 170 V besaß, und ein durch einen Kurzschlußthermostaten geregelter Kühlwasserkreislauf. Der Solex-Fallstrom-Doppelvergaser 30 IFFKS wurde aus dem hintenliegenden 52-Liter-Tank mit Kraftstoff versorgt. Im Frühjahr 1939 wurden weitere Änderungen an dem seitengesteuerten Sechszylinder vorgenommen, die den neuen Motorencode M 153 rechtfertigten. Durch Aufbohren um einen Millimeter gelangte man bei gleichbleibendem Kolbenhub zu einem Hubraum von 2290 ccm, nützte dadurch die Steuerklasse 2,3 Liter besser aus und konnte vor allem die nachlassende Benzinqualität kompensieren. Das Triebwerk M 153 wurde einheitlich mit einem Leichtmetall-Zylinderkopf ausgerüstet, der ein Verdichtungsverhältnis von 1:6,5 erbrachte. Ein weiterer Vorteil des Erweiterns der Bohrung auf 73,5 Millimeter bestand in der Tatsache, daß nun die gleichen Kolben wie beim 170 V verwendet werden konnten – der Griff in den Baukasten zahlte sich ökonomisch aus. Eine Schwungscheibe größeren Durchmessers trug zur verbesserten Geschmeidigkeit des überarbeiteten Triebwerks bei. Unverändert wurde die Höchstleistung mit 55 PS, die bei 3600 U/min zur Verfügung standen, angegeben; die Dauerleistung lag bei 52 PS.

Das vollsynchronisierte ZF-Vierganggetriebe, über das der W 143 ab Herbst 1937 verfügte, fand auch beim W 153 Verwendung. Der Achsantrieb war dagegen einheitlich im Verhältnis 1:4,625 übersetzt.

Bemerkenswertestes Unterscheidungsmerkmal des W 153 waren die neugeschaffenen Karosserien – sowohl von ihrem konstruktiven Gefüge als auch von ihrer Linienführung her. Wenn auch zuweilen von der erstmals bei Daimler-Benz angewandten Ganzstahl-Bauweise die Rede war – der neue 230 verbarg noch immer ein (wenn auch rudimentäres) Eschenholzgerippe unter dem wohlgeformten Karosserieblech. Eine echte Novität war hingegen die »schwebende« Lagerung des Aufbaus: Der W 153 war der erste Mercedes, bei dem die Karosserie nicht mehr starr mit dem Chassisrahmen verschraubt war, sondern sich durch Gummipuffer auf den Auslegern abstützte.

Die moderne Formgebung des neuen 230 antizipierte in jeder Hinsicht das Styling der Modelle 170 S und 220 (W 187) der ersten Daimler-Benz-Nachkriegsgeneration. Der viertürige Innenlenker und das Cabriolet A entsprachen diesem Bild am ehesten – läßt man den deutlich längeren Radstand außer acht. Die fülligen Kotflügel, die durch schmale, mit Gummi besetzten Aluminiumleisten versehene Trittbretter verbunden waren, die tiefsitzenden, voluminösen Lampentöpfe, die geneigte Kühlermaske, die sich nach hinten öffnende, einteilige Alligatorhaube, der hoch angesetzte, sanft abgerundete Kofferraum und die augenfällige Schrägstellung der Windschutzscheibe waren Stilelemente, die an den späteren 170 S erinnern.

Die Kofferräume waren bei allen Ausführungen von außen zugänglich und boten neben dem in einem gesonderten Abteil liegend angeordneten Ersatzrad einem vierteiligen, gegen Mehrpreis erhältlichen Reisekoffersatz Platz. Auf Wunsch konnte das Reserverad auch auf einer »Spinne« auf dem Kofferdeckel montiert werden, um Raum für einen weiteren Koffer zu gewinnen – auch 170 S und 220 boten später diese Alternative. Alle Scheiben bestanden aus Sicherheitsglas. Neu war auch die Innenraumbelüftung: Vor der Windschutzscheibe befanden sich zwei in das Motorhauben-Oberteil integrierte Luftklappen, die mit Teleskoparmen ausgefahren werden konnten und durch geschickte Luftstromführung den Innenraum an der Frontscheibe entlang mit Frischluft versorgten. Zu diesem zugfreien System gehörten auch die schwenkbar gelagerten dritten Seitenfensterchen der Limousine. Selbstrückstellende Scheibenwischer, deren Motor verdeckt an der Spritzwand untergebracht war, und eine versenkbare Mittelarmlehne des Rücksitzes bei den fünfsitzigen Modellen gehörten zu den weiteren Annehmlichkeiten, die der neue 230 bot. Der beim W 143 in der Wagenmitte befindliche Stockhebel der Feststellbremse war einer Krückstockbetätigung unter dem Armaturenbrett gewichen. Auch die Gliederung der Instrumententafel mit dem Tankanzeiger, Kühlwasser-Fernthermometer und Ölmanometer umfassenden Zentralinstrument, das von Zeituhr und Tachometer flankiert wurde, dem erhabenen, für den Einbau eines Autoradios vorgesehenen Mittelteil und dem großen

Hinterachse des W 153 mit dem Ovalrohr-X-Rahmen.

Links: Chassis des W 153. Unten: W 153 in Detailansichten.

Modell	230 (W 153)	
Produktionszeit	November 1938 – Februar 1944	
Motor	Reihen-Sechszylinder M 143/153	
Bohrung/Hub/ccm	72,5 × 90/2229 ccm, ab 3/1939 73,5 × 90/2290 ccm	
Verdichtung	6,25 oder 7,01:1, ab 3/1939 6,5:1	
Leistung	55 PS bei 3600 U/min	
Ventile, Steuerung	sv, 1 seitl. Nockenwelle	
Schmierung	Druckumlauf	
Kühlung	Wasser, Pumpe	
Vergaser	1 Solex Doppelfallstrom 30 IFFKS	
Elektrik	6 Volt 87,5 Ah	
Kupplung	Einscheiben-Trockenkupplung	
Getriebe	ZF-4-Gang	
Lenkung	Schneckenlenkung ZF	
Fußbremse	hydraul., Trommel	
Handbremse	mechan., Hinterräder	
Chassis	Ovalrohr-X-Rahmen	
Radstand; Spur v/h	3050, 1382/1412 mm	
Gesamtabmessungen	4695 × 1720 × 1570 mm	
Bereifung	6.00 – 16 extra	
Tankinhalt	52 Liter	
Leergewicht	1470 kg (Lim.)	
Höchstgeschwindigkeit	120 km/h	
Stückzahl	4210	
Preise	Limousine 4t.	RM 5875
	Limousine m. Schiebedach	RM 6110
	Cabriolet B	RM 7165
	Cabriolet D	RM 8375
	Cabriolet A	RM 9500
	Fahrgestell	RM 4675

Armaturentafel des 230 Cabriolet A mit einem Philips-Autosuper. Radios waren damals noch sehr selten!

Links: W 153 Cabriolet A, 1939.
Oben: Geländesport-Roadster 230 SV.
Unten: 230 als viertüriges Cabriolet D.

Handschuhfach auf der Beifahrerseite nahm ebenso Stilelemente des 170 S vorweg wie das Dreispeichenlenkrad mit Signalring.
Die beim W 143 lieferbaren »kleinen« Karosserien waren in logischer Sequenz auch beim W 153 erhältlich – nur hatten sich die Viersitzer aufgrund generöserer Innenabmessungen in Fünfsitzer verwandelt. Beim Cabriolet A hatte man sich vom »Schwiegermuttersitz« gelöst und die beiden knapp bemessenen Notsitze im Fond installiert, wo sie auch als zusätzliche Gepäckablage fungieren konnten.
Daß die Preise auf unverändertem Niveau gehalten werden konnten, mutet angesichts der offenkundigen Wertsteigerung, die der 230 erfahren hatte, als erstaunlich an. Das Cabriolet A war sogar um mehr als 2000 Mark billiger geworden. Durch ein reichhaltiges Programm an Zusatzausrüstung und Sonderzubehör konnten die Endpreise selbst damals schon ungeheuer angehoben werden: Wenn man die (nicht serienmäßige) Wagenheizung, das Faltschiebedach, das Radiogerät samt Spezialantenne, die Ersatzradspinne und den fünfteiligen Koffersatz mitbestellte und auf Lederpolsterung Wert legte, näherte sich der Preis der Limousine dann schon deutlich der 7500-Mark-Grenze.
Vom W 153 gab es zwei einander recht ähnliche, nicht für den offiziellen Verkauf bestimmte Geländesport-Roadster. Beide dürften auf dem Ovalrohrchassis des 170 V basiert haben und besaßen von Hand aus Elektronblechen modellierte Leichtbau-Karosserien, die dem Wagen eine Gewichtseinsparung von 80 Kilogramm gegenüber dem Vorgänger 230 N einbrachten. Vom 230 SV, der noch über den »alten« Motor M 143 verfügte, wurden 1938 33 Exemplare hergestellt, der 230 S mit dem Triebwerk M 153 entstand 1939 in 19facher Ausfertigung. Diese Wagen errangen in wenig mehr als einer Saison ganze Serien von Klassen- und Mannschaftssiegen, so z. B. bei der Brandenburgischen Geländefahrt, bei der Deutschen Alpenfahrt oder bei der Ostpreußenfahrt.
Aus den Berichten der Fachjournalisten, die den W 153 ausführlichen Tests unterzogen, tönte einhellige Begeisterung. Der neue 230 erwies sich als etwas sparsamer schneller als sein Vorgänger. Die Werkangabe für die Höchstgeschwindigkeit (118 km/h) wurde durchwegs übertroffen – die *Allgemeine Automobil-Zeitung* ermittelte beispielsweise 121,6 km/h und nannte in ihrem Prüfungsbericht einen Testverbrauch von 14,5 l/100 km bei forcierter Fahrweise im gemischten Verkehr. Der Normverbrauch belief sich gemäß Werkangabe auf 11,7 l//100 km.
Als im Jahre 1944 der letzte neue 230 die Endmontage verließ, waren von diesem Typ 4210 Exemplare hergestellt worden. Den verdienten Durchbruch im Mittelklassemarkt konnte dieses wohlgelungene Automobil wegen des weltweiten Konflikts nicht erzielen, aber es vermochte lange Zeit gültige Maßstäbe für Formgestaltung zu setzen.

Der elegante Achtzylinder markierte bei den Mercedes-Benz-Kompressorwagen eine Wende. Aus dem maskulinen Kampfgerät wurde ein sportlich-eleganter Reisewagen:

Mercedes-Benz 320

Fahrgestell, Fahrwerk und Lenkung des 1933 präsentierten 290 waren auch vier Jahre später noch up to date, obwohl die Kraftfahrzeugtechnik gerade in der zweiten Hälfte der dreißiger Jahre von enormem Fortschrittsgeist geprägt war. In seinem Leistungsvermögen und seiner Bedienung konnte der 290 allerdings nur noch bedingt genügen. Der auf der IAMA 1937 vorgestellte Nachfolger mit der Typenbezeichnung 320 wurde auch den gestiegenen Anforderungen gerecht. Die Produktion des 320 lief mit einiger Verzögerung erst im Frühjahr 1937 an, wobei sich die Fertigung des auslaufenden 290 – wie bei Daimler-Benz nicht selten praktiziert – noch einige Monate mit der des 320 überschnitt.

Auf den ersten Blick zeigte der neue 320 nur geringe Unterschiede zum Vorgängermodell. Chassis und Fahrwerk waren gegenüber dem 290 kaum modifiziert worden: Der verwindungssteife Kastenrahmen wies die gleichen Radstände – 2880 und 3300 Millimeter – auf. Die achslose Vorderradaufhängung bestand unverändert aus einer unteren Querblattfeder und zwei darüber angeordneten Querlenkern, die sich mit ihren inneren Enden auf Schraubenfedern abstützten. Die Pendelhinterachse besaß doppelte Schraubenfedern sowie die vom 290 her geläufige Ausgleichsfederung. Vordere und hintere Spurweite waren allerdings um rund drei Zentimeter vergrößert worden. Die Schraubenspindellenkung der Ausführung ZF-Roß, die beim 290 seit 1935 zum Einbau gelangt wa-r, wurde ebenso wie die Bereifung der Dimension 6.50-17 extra (lediglich das große Cabriolet F besaß Pneus der Größe 7.00-17) und die selbstnachstellenden Öldruckbremsen beibehalten. Nach wie vor konnte man zwischen Scheiben- und Drahtspeichenrädern wählen. Im ganzen waren Fahrwerk und Federung des 320 gegenüber dem 290 verfeinert abgestimmt worden.

Gegenüberliegende Seite: 320 Cabriolet D, 1938. Oben links: 320 Innenlenker mit Faltschiebedach, 1939. Oben rechts: 320 Cabriolet F 1937. Unten links: 320 Pullman-Limousine, 1939. Darunter: Mercedes 320 Cabriolet F mit geöffnetem Verdeck.

Am seitengesteuerten Sechszylinder-Triebwerk waren die meisten Wandlungen vorgenommen worden. Den Block hatte man bei unverändert gebliebenen Kolbenhub um 4,5 Millimeter aufgebohrt, was 3185 ccm Hubraum ergab. Mit diesen Abmessungen und einem Grauguß-Zylinderkopf wurde die Maschine des Baumusters M 142 bereits seit 1936 alternativ zum Dieselmotor auch in den Zweitonner-Lkw L 2000-1 eingebaut. Mit einem Steigstromvergaser leistete das Nutzfahrzeug-Triebwerk erst 60, später 65 PS.

Für den Typ 320 hatte man dieses Aggregat mit einem Leichtmetall-Zylinderkopf versehen, der eine höhere Kompression und eine bessere Wärmeableitung ermöglichte. Der zur Verfügung stehenden Kraftstoffqualität konnten Verdichtungsverhältnisse von 1:5,56 bis 1:7,25 angepaßt werden. Für die Gemischaufbereitung war nun ein Solex-Fallstrom-Doppelvergaser der Type 32 IFFK zuständig, der über eine Beschleunigerpumpe und eine automatische Startvorrichtung mit gesonderter Leitung zum Hauptsaugrohr verfügte. Bei 4000 Touren gab das Triebwerk 78 PS ab – die Bezeichnung »Hochleistungsmotor«, die das Werk des öfteren gebrauchte, dürfte indessen eher absolut als relativ zu verstehen gewesen sein, denn eine spezifische Leistung von 24 PS pro Liter war, selbst gemessen an den sinkenden Kraftstoffqualitäten, ein durchaus gutbürgerlicher Wert.

Gegen Ende der dreißiger Jahre wurde die deutsche Automobilindustrie mehrfach mit von Amts wegen verordneten »Klopffestigkeitsmaßnahmen« konfrontiert. Dieser Staatsdirigismus manifestierte sich in der zum 1. Oktober 1938 wirksam werdenden Änderung der StVZO, die besagte, daß alle Ottomotoren auf einen Kraftstoff der Oktanzahl 74 einreguliert sein mußten und der Kraftfahrzeugbrief eine entsprechende Eintragung aufzuweisen hatte. In ihrer ergänzenden Ausführungsvorschrift 22 erließ die Reichsüberwachungsstelle für Mineralöle dann zum 1. Mai 1939 die Bestimmung einer Mindest-Oktanzahl für handelsübliche Kraftstoffsorten: 74 bis 75 ROZ für das »Fahrbenzin« oder »Normalbenzin«, 80 ROZ für das Benzin-Benzol-Gemisch und 80 bis 82 ROZ für den mit Bleitetraäthyl versetzten Superkraftstoff. Da-

durch wurden Verdichtungsverhältnisse bis 1:7,5 ermöglicht, die eine – angesichts des sich verdichtenden Netzes von Schnellverkehrsstraßen durchaus willkommene – höhere Leistungsausbeute erlaubten. Schlechteren Spritqualitäten mußte im Sommer 1939 der Motor des 320 angepaßt werden. Um die Leistung von 78 RS auch bei der auf 1:6,25 (Normal) bzw. 1:7,0 (Super) reduzierten Verdichtung zu gewährleisten, wurde der Hubraum durch Aufbohren um 2,5 Millimeter auf 3,4 Liter vergrößert. Der alte 290-Block muß viel »Fleisch« für die mehrfachen Erweiterungen bis zur Endphase M 142 II aufgewiesen haben. In der Werksstatistik war die 3,4-Liter-Ausführung, die unter der Codeziffer W 142 V rangierte, zwar als Typ 340 ausgewiesen, offiziell blieb es jedoch bei der alten Modellbezeichnung 320. Die Höchstleistung stand nun bereits bei 3400 U/min zur Verfügung. Mit der Hubraumvergrößerung gingen weitere Modifikationen einher. Der nun verwendete Vergaser entsprach der weiterentwickelten Solex-Type 32 IFF-PN und war jetzt mit einem kombinierten Ansauggeräuschdämpfer und Luftfilter mit Gemischvorwärmung versehen. Die Batteriekapazität wurde von 45 auf 50 Ampèrestunden erhöht.
Als der 320 in Berlin debütierte, wurde er noch mit dem normalgestuften Vierganggetriebe des 290 vorgestellt, bei dem nur die beiden oberen Gänge synchronisiert waren. Bei Aufnahme der Serienproduktion gelangte aber ein Vollsynchrongetriebe zum Einbau, das im Sommer 1939 von einer Neuentwicklung der Zahnradfabrik Friedrichshafen ergänzt wurde: An das eigentliche Getriebegehäuse war ein Planetengetriebe angeflanscht, das eine weitere Schaltstufe im Untersetzungsverhältnis 1:0,74 bot. Der »ZF-Reichsautobahn-Ferngang«, der übrigens schon seit 1938 beim Horch 830 BL Verwendung fand, stellte eine Art Overdrive dar, der mit normaler Kupplungsbetätigung durch einen kleinen Schalthebel neben dem Getriebeschaltstock in Aktion versetzt wurde. Dieser fünfte Gang reduzierte die Motordrehzahl um 25 Prozent.
Während der 290 – differenziert in zwei verschiedene Radstände – in zwei selbständigen, alternativen Modellreihen geliefert wurde, stand beim 320 das kurze Chassis (W 142 I) lediglich zwei mehr oder weniger exklusiven Zweisitzern zur Verfügung: Das Cabriolet A, das auf Wunsch mit einem dritten Quersitz im knapp bemessenen Fond ausgerüstet werden konnte, fand sein Pendant in einem »Kombinationswagen«, der allerdings in keiner Weise dem entsprach, was man heute unter diesem Terminus versteht. Es handelte sich dabei um ein Coupé, das quasi über zwei Dächer verfügte – ein abnehmbares Hardtop für den Winter und ein voll versenkbares, leichtes Sportverdeck für wärmere Tage. Die verschwenderisch in Leder ausgestatteten Wagen waren in vielen Stilelementen dem 540 K Roadster nachempfunden. Die akzentuiert gestalteten, stark ausgeschnittenen Kotflügel, die

Mercedes 320 Cabriolet A aus dem Jahre 1937.

vorne die typische Preßkerbe an der Außenkante aufwiesen, die niedrige, V-förmig geteilte Windschutzscheibe und das flach auslaufende Heck mit dem eingelassenen Ersatzrad ließen den großen Kompressorwagen formal besonders dann als Vorbild erahnen, wenn die kurzen 320 mit den gegen Aufpreis erhältlichen Speichenrädern bestückt waren.
Unverändert präsentierte sich dagegen die Palette der Aufbauten, die auf dem langen Radstand zur Auswahl standen. Die viertürige Limousine mit vier Seitenfenstern entsprach in ihrer Linienführung dem 290 Innenlenker und zeichnete sich mit ihrem vor der Hinterachse endenden Fahrgastraum und dem Stummelheck nicht gerade durch Grazie aus. Ungleich harmonischer wirkte die sechsfenstrige Pullman-Limousine. Zum Modelljahr 1939 erhielt diese Karosserieausführung an

Obere Reihe: 320 Cabriolet B 1939 und Kombinations-Cabrio auf kurzem Radstand 1937. Mittlere Reihe: 320 Cabriolet A 1937 und Kombinations-Cabriolet mit aufgesetztem Coupédach.
Untere Reihe: 320 Cabriolet A, das man in verschiedenen Ausstattungs-Varianten erhielt.

Rechts: Draufsicht auf das Fahrgestell des 320.

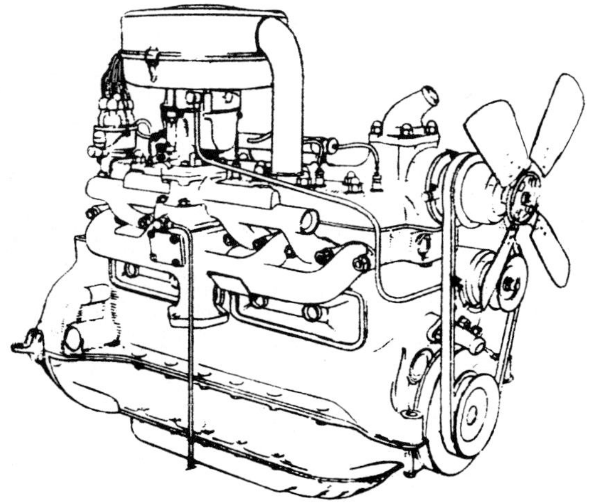

Modell	320n (W 142 I)	320 (W 142 II)	320 (W 142 V)
Produktionszeit	März 1937 – September 1938		1938 – 1942
Motor	Reihen-Sechszylinder M 142		M 142 II
Bohrung/Hub/ccm	82,5 × 100; 3185 ccm (eff. 3207 ccm)		85 × 100; 3405 ccm
Verdichtung	5,56o. 6,6o. 7,25:1		6,25o. 7,0:1
Leistung	78 PS bei 4000 U/min		78 PS b. 3400 U/min
Ventile, Steuerung	sv, 1 seitl. Nockenwelle	sv, 1 seitl. Nockenwelle	sv, 1 seitl. Nockenwelle
Schmierung	Druckumlauf	Druckumlauf	Druckumlauf
Kühlung	Wasser, Pumpe	Wasser, Pumpe	Wasser, Pumpe
Vergaser	1 Doppelfallstrom Solex 32 IFFK		Solex 32 IFF-PN
Elektrik	12 Volt 45 Ah		12 Volt 50 Ah
Kupplung	Einscheiben-Trockenkupplung		
Getriebe	bis 6/1939: 4-Gang, ab 6/1939: ZF-Ferngang-Getriebe		
Lenkung	Schraubenspindellenkung ZF-Roß		
Fußbremse	hydraul., Trommeln	hydraul., Trommeln	hydraul., Trommeln
Handbremse	mechan., Hinterräder	mechan., Hinterräder	mechan., Hinterräder
Chassis	Preßstahl-Kastenrahmen	Preßstahl-Kastenrahmen	Preßstahl-Kastenrahmen
Radstand; Spur v/h	2880; 1475/1500 mm	3300; 1475/1500 mm	
Gesamtabmessungen	4700 × 1770 × 1500 mm	5090 × 1770 × 1630 (Lim.) 5350 × 1790 × 1710 (Pullman)	
Bereifung	6.50 – 17	6.50 – 17 oder 7.00 – 17	
Tankinhalt	72 Liter	72 Liter	72 Liter
Leergewicht	1725 kg (Lim.)	1865 kg (Lim.)	1865 kg (Lim.)
Höchstgeschwindigkeit	129 km/h	126 km/h	126 km/h
Stückzahlen	1096	4037	56
Preise	Cabriolet A RM 11 800 Kombin.-Coupé RM 12 300 Fahrgestell RM 6 500	Limousine 4t. RM 8 950 Off. Tourer RM 9 900 Cabriolet B RM 9 900 Cabriolet D RM 10 400 Cabriolet F RM 12 500 Cabriolet A RM 13 500 Roadster RM 13 500 Stromlinien-Lim. (1937/38) RM 14 500	

Oben: Motor 142. Unten: 320 Kübelsitzer Baujahr 1937. Ganz unten: Aerodynamik-Versuch mit teilverkleidetem 320 1939.

Stelle der Gepäckbrücke serienmäßig einen voluminösen Anbaukoffer mit daran befestigter Stoßstange, der die Wagenlänge auf 535 Zentimeter vergrößerte und den Pullman die Ausmaße des 500 N erreichen ließ. Weitere sechs- bis siebensitzige Aufbauten waren der offene Tourenwagen und das Cabriolet F, das mit Separation geliefert wurde. Neben den Cabriolets B und D mit gewohnter Silhouette und geteilter Windschutzscheibe stellten Cabriolet A und Roadster nach wie vor die gelungensten Kreationen dar.

Die nitrolackierte Holz-Stahl-Karosserien waren durchwegs erlesen ausgestattet. Der »hohe Komfort des Großreisewagens« – so ein Tester – drückte sich nicht nur in großzügigen Innenabmessungen mit Sitzbreiten zwischen 119 und 126 Zentimeter aus, sondern auch in durchdachten Ausrüstungsdetails wie einer zugfreien Entlüftung der geschlossenen Wagen mit Plexiglasblenden an den aus Sicherheitsglas bestehenden Seitenfenstern und der Einbaumöglichkeit für ein in das Armaturenbrett integriertes Autoradio bei den Vier- bis Siebensitzern. Die seitlich in die Vorderkotflügel eingelassenen Ersatzräder verliehen dem 320 eine konservativ-vornehme Linie.

Die Bestückung der edelholzfurnierten Instrumentenbretter umfaßte Zeituhr, Tachometer, Tankinhaltsanzeige und Ölmanometer. 1938 kam ein Kühlwasser-Fernthermometer hinzu. Zwei mit Deckeln versehene Handschuhfächer nahmen kleinere Utensilien auf. Links neben der Lenksäule befand sich der Umschalthahn für die vier Liter umfassende Kraftstoffreserve des 72-Liter-Tanks im Wagenheck. Ein in den Holzrahmen der Armaturenbrett-Oberkante integrierter Aschenbecher sowie ein elektrischer Zigarettenanzünder vervollständigten die luxuriöse Atmosphäre des Kommandopults.

Die Fahrleistungen des 320 betonten den Charakter des schnellen Reisewagens. Die Werkangabe von 126 km/h wurde in einem Test der *Automobil Revue* sogar mit 129,3 km/h übertroffen. Der gleiche Prüfer ermittelte eine Beschleunigung von 24,4 Sekunden für die Spanne 0–100 km/h. Dabei muß es sich jedoch um ein besonders gut eingefahrenes Exemplar des 320 gehandelt haben, denn andere Fachzeitschriften erreichten bescheidenere Werte. Der Normverbrauch wurde vom Hersteller mit 16,6 Liter auf 100 Kilometer Fahrstrecke angegeben. Den Prüfungsberichten waren Durchschnittswerte zwischen 15,3 und 18,8 Liter zu entnehmen.

Auch in seinen Fahreigenschaften wußte der 320 zu imponieren. Trotz seiner respektablen Ausmaße erwies sich der Wagen beim Rangieren als ungeahnt handlich. Windgeräusche und Vibrationen waren ihm fremd, Straßenunebenheiten auch größerer Konstitution wurden von der Federung völlig absorbiert. Der Geradeauslauf war kaum zu beeinflussen, und die Seitenneigung des Aufbaus hielt sich auch in flott gefahrenen Kurven in Grenzen.

Mit Preisen zwischen 8950 Mark (Innenlenker) und 13 500 Mark (Cabriolet A, Langchassis) – die noch einmal um 1000 Mark teurere Stromlinien-Limousine trat auf dem Markt kaum in Erscheinung – war der 320 in der gleichen Kategorie wie sein Vorgänger angesiedelt, manche Varianten waren allerdings erheblich knapper kalkuliert. Die Pullman-Limousine, die fast das gleiche Raumangebot wie der 500 N aufwies, über ein wesentlich zeitgemäßeres Fahrwerk verfügte und annähernd so stattlich aussah, stellte mit einer Preisdifferenz von 7700 Mark zu dem antiquierten Achtzylinder eine echte Alternative dar.

Fast auf die Mark gleich teuer wie die formellen Ausführungen des 320 waren die vergleichbaren Varianten des Horch 830 BL mit einem 3,5-Liter- bzw. 3,8-Liter-V8-Motor mit 82 bzw. 92 PS. Auch in den Innendimensionen und in der Ausstattung trat der Zwickauer Oberklassewagen der Auto Union als ernstzunehmender Konkurrent auf den Plan, zumal er über die aufwendig konzipierte – aber nicht in jeder Hinsicht konsequent durchkonstruierte – Doppelgelenk-Hinterachse verfügte. Der Verkaufserfolg des sächsischen Pendants reichte nahe an den des 320 heran: Im Vergleichszeitraum lag der Horch nur um genau 300 produzierte Einheiten hinter dem Mercedes in seiner langen Version. Der 1939 erschienene BMW 335 mit einem obengesteuerten 3,5-Liter-Sechszylinder konnte mit einem attraktiven Preis und hohen Fahrleistungen aufwarten, kam aber wegen des Krieges nicht mehr zu voller Entfaltung.

Vom 320n mit kurzem Radstand wurden 1096 Wagen gebaut, 1060 Exemplare mit 3,2-Liter-Motor und 36 mit der 3,4-Liter-Maschine. Der 320 »lang« – der dieses Adjektiv offiziell nie führte – brachte es auf 4093 Einheiten. Davon besaßen laut Werkschronik 56 Wagen das größere Triebwerk. Insgesamt wies der Typ 320 mit 5189 gefertigten zivilen Fahrzeugen ein vergleichsweise ansehnliches Produktionsergebnis auf. Dennoch blieb die Quote der Überlebenden gering: Die wenigen Wagen, die der Zwangsverpflichtung zur Wehrmacht entkamen oder den Militärdienst überstanden, wurden nach dem Krieg häufig Opfer der wirtschaftlichen Gegebenheiten und des Zeitgeistes: Als Abschleppwagen, Feuerwehrfahrzeuge und Schlepper oder Seilrückholwagen auf Segelflugplätzen fristeten sie ein trauriges Dasein.

Zu den zivil eingekleideten 320ern sind – wie beim 290 – noch zwei Kübelwagen-Versionen zu rechnen: der W 142 III mit 3,2-Liter-Motor und der W 142 IV mit 3,4 Liter Hubraum. Diese bedingt geländefähigen Militärfahrzeuge entstanden auf dem kurzen Radstand und wurden teilweise bei Autenrieth in Darmstadt karossiert. Sie entsprachen weitgehend den vorangegangenen Kübelsitzern des Typs 290 und fanden häufig als Kommandowagen Verwendung. Insgesamt wurden 1806 Exemplare des Wehrmachts-320 hergestellt.

Perfekte Technik, luxuriöse Ausstattung, hervorragendes Finish, beste Proportion der Karosserie kennzeichneten den Kompressorwagen mit Fünflitermotor:

Mercedes-Benz 500 K

Mit dem 380 hatte die Daimler-Benz AG das neue Genre eines exklusiv gearteten, sportlich angehauchten Luxusreisewagens geschaffen. Mit einer Fahrwerkskonzeption, die für Generationen von Personenwagen – nicht nur aus Untertürkheim – richtungsweisend werden sollte, bot der 380 Fahreigenschaften auf einem vorher nicht gekannten Niveau. Das Triebwerk dagegen erwies sich, selbst in der letzten Vierliter-Version, den modernen Radaufhängungen gegenüber kaum als adäquat: Der 380 besaß unter dem Strich ein mehr behäbiges Temperament, zumal mit gewichtsfördernder Nobelausstattung und -verarbeitung nicht gegeizt wurde.

Bereits nach einem Jahr wurde auf der IAMA im Februar 1934 ein bedeutend leistungsfähigerer Nachfolger präsentiert, der im Ansehen der breiten Öffentlichkeit und vor allem der Fachwelt das erreichte, was dem 380 versagt geblieben war: als Hochleistungsfahrzeug zu gelten. Kein Wunder, daß dieser 500 K zum Publikumsmagneten wurde und auch bald im Ausland viel Vorschußlorbeer erntete. Auf dem Pariser Salon und bei der Londoner Olympia-Show war er der anerkannte Star. Das Suffix »K« hatte jetzt übrigens hochoffiziell Eingang in die Typenbezeichnung gefunden, wohl um zum identisch bezifferten Nürburg zu differenzieren, und stellte keinen Hinweis auf den Radstand mehr dar. Das K deutete auf die aufgeladene Maschine hin.

Wenn er auch leistungsbetonter ausgelegt war, so stellte der 500 K doch eine ähnlich treffliche Melange aus Sportwagen und Luxusautomobil dar wie der 380. Er konnte niedertourig im dichten Stadtverkehr bewegt werden, war aber kein Boulevard-Sportwagen femininer Prägung. Er konnte kräftig zupacken und rasant beschleunigen. Er verkörperte vielmehr eine gelungene Synthese aus leistungsorientierter

Technik und einer gezielten Auslegung auf Unempfindlichkeit und hohe Lebenserwartung. »Wenig pflegebedürftig, robust und haltbar – für Jahre gebaut« – so charakterisierte ein Werbetext den 500 K. Statt »Jahre« hätte sich in diesen Prospektslogan ohne weiteres »Jahrzehnte« einsetzen lassen. Ihn als »Prestigewagen« abzutun, wird dem Charakter des von höchster mechanischer Noblesse geprägten Kompressorwagens nicht gerecht, wenn auch ein Körnchen Wahrheit in dieser Behauptung steckt. Freilich – nicht nur die *boy racers* vermißten nach wie vor den brutalen Biß der S-Baureihe W 06 mit ihren riesigen Königswellen-Sechszylindern. Der 500 K war gegen diese Untiere zahm und zivilisiert, denn er gehörte einer anderen Couleur an. Er gab sich weniger martialisch, denn er war kein Kampfinstrument, bot den Komfort, den die S-Typen vermissen ließen, war voll alltagstauglich – mit einem Wort ein Gran-Turismo-Wagen heutiger Diktion. Charakteristisch für das Naturell des 500 K ist die Tatsache, daß der 1934 eingestellte Typ SS zwar weitaus schneller war, sofern sich eine genügend lange Gerade zum Ausspielen der überreichlich vorhandenen Pferdestärken fand, sich mit dem 500 K aber wesentlich höhere Reisedurchschnitte bei außergewöhnlichem Fahrkomfort erzielen ließen.

Wie der 380 war auch der 500 K das geistige Kind des technischen Direktors Hans Nibel, Vater des legendären Blitzen-Benz, der mit Porsche und Ledwinka nicht nur die Genialität gemeinsam hatte, sondern auch das Geburtsland Böhmen. Er entwickelte den Fünfliter-Motor aus der Maschine des 380, nicht ohne einige grundlegende Verbesserungen vorzunehmen, die auch dem Stehvermögen dienten.

Der Kolbenhub des neuen Aggregats vom Baumuster M 24 wurde gegenüber dem M 22 K auf 108 Millimeter verlängert, die Zylinderbohrung erfuhr eine Erweiterung auf 86 Millimeter. Der Hubraum stieg dadurch – nach der Steuerformel bemessen – auf 4982 ccm. Mit dem langhubiger ausgelegten, seitengesteuerten Triebwerk des Nürburg 500 bzw. 500 N besaß der M 24 keine gemeinsamen Bauteile. Die Verdichtung war gegenüber dem Motor des Vorgängers nur unwesentlich erhöht worden – je nach verwendetem Kraftstoff betrug die Relation bis zu 1:6,5.

Kurbelgehäuse und Zylinderblock bestanden aus Spezial-Grauguß, ebenso der Zylinderkopf, in dem die Ventile parallel hängend angeordnet waren und über Stoßstangen und Kipphebel betätigt wurden. Auf Leichtbauweise war zugunsten der Haltbarkeit verzichtet worden

Gegenüberliegende Seite: 500 K Cabriolet B 1935. Rechts, von oben nach unten: 500 K Cabriolet B von 1935, Cabriolet A von 1934, ein Cabriolet C mit Spezialkotflügeln von 1935 sowie ein Sport-Innenlenker in Spezialausführung – eigentlich ein Coupé.

– der komplett ausgerüstete 500 K-Motor wog beachtliche 600 Kilogramm und nahm damit mehr als ein Viertel des Wagengewichts für sich in Anspruch. Das Triebwerk war über einen Meter lang und bedingte, sollte ein Ausbau notwendig werden, ein vollständiges Abrüsten der vorderen Karosseriepartien.
Da sich beim 380-Motor, vor allem durch unvernünftigen Kompressorbetrieb, zuweilen gravierende Kurbelwellenschäden (ausgelaufene Hauptlager oder gar Wellenbrüche) einstellten, beugte man diesem Übel beim 500 K durch eine Überarbeitung des Kurbeltriebs vor. Die Chromnickelstahl-Kurbelwelle lief nun in neun statt fünf Weißmetallagern mit gehärteter Oberfläche und war, wie gewohnt, mit einem progressiv wirkenden Schwingungsdämpfer versehen.
Die Aspiration des 380-Motors wurde im Prinzip beibehalten: Der Steigstrom-Doppelvergaser eigener Fertigung, der über eine Starteinrichtung und Beschleunigerpumpe verfügte, entnahm den notwendigen Odem im Saugbetrieb über ein Bypass-System direkt aus der liegend angeordneten Luftfilter-Ansauggeräuschdämpfer-Kombination. Große Dinge waren bei natürlicher Atmung wahrlich nicht zu erwarten: Eine Leistung von 100 PS – pro Liter Hubraum biedere

Oben: 500 K Spezial-Roadster 1935 mit den typischen gekehlten Kotflügeln. Rechts: Die gleiche Version in Seitenansicht. Unten: 500 K mit Sonderkarosserie, 1936 im Auftrag von König Ghasi I. des Irak in Sindelfingen entstanden.

20 Pferdchen – wirkten eher enttäuschend. Betätigte man aber das Gaspedal über den Druckpunkt hinaus, änderte sich dieser Zustand schlagartig: Über ein Gestänge wurde die vor dem Motor auf der Kurbelwelle sitzende, aus 53 im Ölbad laufenden Antriebslamellen bestehende Laderkupplung eingerückt, die schrägverzahnten Stirnräder des Kompressorantriebs gerieten in Eingriff, das Zweiflügelgebläse der Bauart Roots trat vehement in Aktion. Die beiden Rotationskörper drehten sich mit fast vierfacher Kurbelwellendrehzahl – bei einer motorseitigen Tourenzahl von 3200 lief der Lader mit 12 000 U/min. Ein atmosphärisch gesteuertes Schmetterlingsventil im Bypass-Stutzen schloß sich – der Zwangsbeatmung stand nichts mehr im Wege.

500 K Sport-Roadster mit kurzem Radstand. Ganz oben links: Interieur. Daneben: Der Wagen von NSKK-Korpsführer Hühnlein. Oben: Heckansicht des gleichen Wagens.

Mit einem Überdruck von 0,3 Atmosphären jagte das Gebläse die komprimierte Luft in den sowohl für Saug- als auch für Druckbetrieb eingerichteten Vergaser. Der Drehzahlmesser zeigte 3600 U/min an – nun standen 160 PS zur Verfügung, die ihre Präsenz nicht gerade unauffällig unter Beweis stellten. Das typische Wimmern der verdichteten Luft gab von jeher zu glorifizierender Prosa – besonders im angloamerikanischen Sprachraum – Anlaß: Metaphern wie »Kriegsschrei der Walküren«, »heulende Rachegöttin«, »Stuka-Jaulen« (mit Bezug auf die in den Sturzkampfbomber Ju 87 eingebaute Terrorsirene) oder »Singen einer Kreissäge«, mit dem ein deutscher Journalist diesen Sound wesentlich nüchterner als seine englischsprachigen Kollegen beschrieb, stellten wohl blühende Allegorien dar, waren aber letztlich mäßige Vergleiche. Die Mercedes-Kompressorwagen der dreißiger Jahre waren auch in akustischer Hinsicht gegenüber den S-Modellen entschärft worden, von denen diese Saga vom markerschütternden Inferno herrührt.
An heutigen Maßstäben gemessen wirkt es geradezu rührend, wie die Zeitgenossen des 500 K diesen am Berg oder bei Überholvorgängen einsetzenden Schub als nie zuvor gekanntes Geschwindigkeitserlebnis rühmten. Immerhin war die Höchstleistung um 60 Prozent gestiegen. Lange durfte man sich dieses Vergnügens nicht erfreuen, die Haltbarkeit des Kurbeltriebs setzte noch immer strenge Grenzen: Spätestens nach einer Minute hatte der molto vivace beflügelte Herrenfahrer den Gasfuß zurückzunehmen. Eine sechzehnteilige Lamellenbremse, die auf der gleichen Achse wie die Einrückkupplung saß, brachte den nun antriebslosen Lader zum Stillstand, um ihn vor frühem Tod zu bewahren. Das Flatterventil am Ansaugstutzen öffnete sich, es waren wieder bürgerliche Verhältnisse hergestellt.
Der Durst des aufgeladenen Triebwerks stand den Erwartungen in keiner Weise nach und verlangte nach einem wirkungsvollen Versorgungssystem. Dem Kraftstoffvorrat standen ein im Wagenheck angeordneter 110-Liter-Tank und ein im Motorraum befindlicher 11-Liter-Reservebehälter zur Verfügung. Eine kräftig konstituierte Junkers-

Kolbenrotationspumpe, die links am Motorblock saß und von der Nockenwelle angetrieben wurde, förderte den Treibstoff aus dem Haupttank zum Vergaser und hielt den Reservetank ständig gefüllt. Da sich der Verbrauch bei Kompressorbetrieb verstärkte, wurden Tank und Benzinpumpe durch eine Nebenleitung vom Lader unter Überdruck gesetzt, um eine höhere Förderleistung sicherzustellen. Als problematisch erwies sich die Startwilligkeit des achtzylindrigen Monstrums: Da die Anlaßdrehzahl des Motors nicht ausreichte, um in der großkalibrigen Kraftstoffpumpe einen genügend hohen Flüssigkeitsdruck aufzubauen und damit die geförderte Menge zu gering war, wurden die Vergaser beim Start durch das natürliche Gefälle aus dem Reservetank gespeist. Erst wenn das Triebwerk zum Leben erwacht war, wurde der Reservehahn, ein Drehgriff vor dem Beifahrersitz unter dem Armaturenbrett, umgestellt und die normale Alimentation aus dem Haupttank eingeleitet.

Die beiden aus dem Auspuffkrümmer abzweigenden Knierohre waren flexibel ummantelt und traten – anders als beim 380 und optisch unerhört wirkungsvoll – seitlich aus der Motorhaube ins Freie und mündeten in einen mächtigen Schalldämpfer unter der rechten Wagenseite. Danach gabelte sich die Rohrleitung und präsentierte sich am Wagenheck in zwei Endrohren.

Ein Abtrieb der Nockenwelle mit spiralverzahnten Kegelrädern bewegte den 130-Watt-Generator und auf dessen Welle den Verteiler der Bosch-Batteriezündung und die Wasserpumpe. Der am Zylinderkopf gelagerte Kühlluftventilator wurde wiederum über einen Keilriemen von der Riemenscheibe auf der Lichtmachinenachse angetrieben. Die Batterie des 12-Volt-Systems besaß eine Kapazität von 60 Ampèrestunden und war unter dem Fahrersitz untergebracht. Die Zündfolge, die zunächst 1-6-2-5-8-3-7-4 für die einzelnen Zylinder lautete, wurde im Verlauf der Serie in 1-3-6-8-4-2-7-5 geändert. Damit existierten für den 500 K zwei nicht austauschbare Nockenwellen.

Der Motor von den Ausmaßen eines Schiffsdiesels war im Chassis in vier Punkten in Gummi gelagert und erwies sich in der Praxis als extrem laufruhig. Wer jemals einen 500 K akustisch wahrzunehmen Gelegenheit hatte, mußte erstaunt über den nahezu geräuschlosen Leerlauf gewesen sein. Diese Sanftmut stand ganz im Widerspruch zum Charakterbild des wilden Exoten, das man dem Wagen häufig auf triviale Weise konzedierte.

Die Kraftübertragung des 500 K entsprach im Prinzip der bei den Paralleltypen angewandten Bauart: Der vierte Gang war als halbautomatisch geschalteter Overdrive des Systems Maybach ausgelegt und 1:0,62 untersetzt. Die Kardanwelle hatte man mit zwei elastischen Gewebescheiben versehen. Der Achsantrieb wurde angesichts des vorhandenen Schnellganges mit 1:4,88 relativ lang übersetzt. Zuweilen erfuhr die etwas hakelige Schaltung des ab dem zweiten Gang synchronisierten Getriebes Kritik.

Der Preßstahlrahmen im Kastenprofil hätte auch einem Omnibus gut zu Gesicht gestanden und entsprach im Aufbau dem des 380. Sechs Traversen versteiften das Gebilde, die kräftigste war in der Mitte angeordnet. Der Normalradstand (3290 mm) war um 15 Zentimeter länger bemessen als beim 380, ebenso war die Spurweite vergrößert worden. Eine zweite Variante mit dem erheblich kürzeren Radstand von 2980 mm stand besonders sportlichen Karosserien zur Verfügung und wies geringfügig schmälere Spurweiten auf. Wie kräftig der Rahmen des 500 K konstituiert war, zeigt die Tatsache, daß das rollfähige, motorlose Chassis fast eine Tonne wog – deutlich mehr als ein vollausgerüsteter Opel Olympia!

In den Radaufhängungen unterschied sich der 500 K kaum von seinem Vorgänger. Vorne stellten doppelte Dreieckslenker in Parallelogramm-Anordnung eine nach wie vor avantgardistische Lösung dar. Die Abstützung gegen den Rahmen erfolgte durch je eine Schraubenfeder, die am unteren Arm auflag und am oberen Ende von der Verlängerung der Traverse aufgenommen wurde. Hinten hatte die traditionelle Zweigelenk-Pendelachse mit jeweils doppelter Schraubenfeder Verwendung gefunden. Das Differentialgehäuse war am Querträger in zwei Punkten in Gummi gelagert. Darunter waren zwei Ausgleichszugfedern, die die Hüllrohre beider Achshälften verbanden, horizontal angeordnet. Durch diese Kompensationsfederung wurde der der Schwingachse eigene rege Spur- und Sturzwechsel stark eingeschränkt. Die Schraubenspindellenkung entsprach ebenfalls Untertürkheimer Gepflogenheiten. Sie arbeitete mit gutem Fahrbahnkontakt, erforderte aber bei der Bedienung kräftiges Zupacken – der 500 K war kein Citymobil für die Dame des Hauses!

Drahtspeichenräder 3,62 F × 17 mit Rudge-Nabe gehörten zur Serienausrüstung und wurden mit Reifen der Dimension 6.50-17, wahlweise auch 7.00-17, bestückt. Charakteristisch waren die sieben über das Felgenbett verteilten Ausgleichsgewichte pro Rad, die sich unter verchromten Hülsen befanden. Die aus einem Sonderguß gefertigten Bremstrommeln waren großzügig bemessen und mit Kühlrippen versehen. Als ganz fadingfrei erwiesen sie sich aber dennoch nicht. Das Ate-Lockheed-System wurde durch ein Bosch-Servogerät der Bauart Dewandre unterstützt. Wie bei Daimler üblich, verfügte das Chassis über die WV-Eindruck-Zentralschmierung.

Neben dem Kompressor stellten wohl die Karosserien den Stimulus für Exklusivität und Renommee des 500 K dar. Obwohl das Chassis zur Erstellung von Sonderaufbauten bei unabhängigen Karossiers auch »nackt« erhältlich war, wurde diese Möglichkeit einer individuellen Einkleidung des Wagens bei weitem nicht in dem Maße genützt, wie es der *top-of-the-line*-Charakter des Fahrzeugs vermuten ließ. Der weitaus größte Anteil der ausgelieferten 500 K wurde in Sindelfingen karossiert. Die Ursache dafür ist in der Tatsache zu suchen, daß die werksseitig gezeichneten und ausgeführten Serienaufbauten in einer umfassenden Vielfalt angeboten wurden und darüber hinaus nach Wunsch des Kunden mit Ausstattungsänderungen in jeglicher Variation und sogar Retuschen oder Linienführung versehen werden konnten. Weiterhin zeichneten sie sich durch nicht zu übertreffende Verar-

Modell	500 K (W 29) langer Radstand	500 K (W 29) kurzer Radstand
Produktionszeit	Februar 1934 – Oktober 1936	Februar 1934 – Oktober 1936
Motor	Reihen-Achtzylinder M 24 I	Reihen-Achtzylinder M 24 I
Bohrung/Hub/ccm	86 × 108; 4982 ccm (effektiv 5019 ccm)	86 × 108; 4982 ccm (effektiv 5019 ccm)
Verdichtung	5,5 bis 6,5:1 je nach Kraftstoff	5,5 bis 6,5:1 je nach Kraftstoff
Leistung	100/160 PS bei 3400 U/min	100/160 PS bei 3400 U/min
Ventile, Steuerung	ohv, 1 seitl. Nockenwelle	ohv, 1 seitl. Nockenwelle
Schmierung	Druckumlauf	Druckumlauf
Kühlung	Wasser, Kreiselpumpe	Wasser, Kreiselpumpe
Vergaser	1 Doppel-Steigstrom Mercedes; Kompres.	1 Doppel-Steigstrom Mercedes; Kompres.
Elektrik	12 Volt 60 Ah	12 Volt 60 Ah
Kupplung	Einscheiben-Trockenkupplung	Einscheiben-Trockenkupplung
Getriebe	4-Gang mit Schnellgang	4-Gang mit Schnellgang
Lenkung	Schraubenspindel	Schraubenspindel
Fußbremse	hydraul., Trommel, mit Dewandre-Servo	hydraul., Trommel, mit Dewandre-Servo
Handbremse	mechan., Hinterräder	mechan., Hinterräder
Chassis	Preßstahl-Kastenrahmen	Preßstahl-Kastenrahmen
Radstand; Spur v/h	3290; 1535/1547 mm	2980; 1535/1547 mm oder 1515/1502 mm
Gesamtabmessungen	5120 × 1820 × 1650 (Lim.)	4880 × 1900 × 1500 (Sportroadster)
Bereifung	6.50 – 17 o. 7.00 – 17	7.00 – 17
Tankinhalt	110 Liter + 11 Liter Reserve	110 Liter + 11 Liter Reserve
Leergewicht	2300 kg (Lim.)	2170 kg (Sport-Roadster)
Höchstgeschwindigkeit	160 km/h	160 km/h
Stückzahl	354 (beide Radstände)	
Preise	Roadster RM 22 000 Coupé RM 22 000 Cabriolet A RM 22 000 Cabriolet B RM 22 000 Cabriolet C RM 22 000 Limousine 4t. RM 22 000 Off. Tourenwagen RM 22 000 Autobahn-Kurier RM 24 000 Fahrgestell RM 15 500	Sport-Roadster RM 22 000 Sport-Coupé RM 22 000

Von oben nach unten: Mercedes-Benz 500 K Chassis, Druckvergaser mit Luftfilter und ein in der CSSR in den 60er Jahren restaurierter 500 K Roadster 1933.

beitungsqualität aus und boten ein Maximum von der typischen Handwerkskunst der Alten Welt, wie Amerikaner sich enthusiastisch zu äußern pflegen. Die Sindelfinger Karosserien aus dem Katalog waren von einer beispiellosen Eleganz und nach ästhetischen Maximen gestaltet, die auch von renommierten Karossiers kaum überboten zu werden vermochten. Allein ein überbetonter Anspruch auf Individualität konnte ein Beweggrund für die Inanspruchnahme der freischaffenden Haute Couture sein. So entstanden bei Saoutchik in Paris und bei Erdmann & Rossi in Berlin aufregende Kreationen, die zuweilen den Charakter des Einzelstücks durch futuristisch-bizarres Styling betonten. So erregte auf der IAMA 1935 ein von König Ghasi I. des Irak georderter und von Erdmann & Rossi geschneiderter Roadster mit schwellenden Formen in Pseudo-Stromlinie, integrierten Scheinwerfern und vollverkleideten Rädern teils Bewunderung, teils Ironie. Dieses Auto steht heute in einem Museum in Bagdad.

Die Palette der Serienaufbauten umfaßte elf Varianten, neun davon auf dem Chassis mit Normalradstand. Der zweisitzige Roadster mit zwei Notsitzen im Wagenheck wurde 1936 von einem Spezial-Roadster ergänzt, der eine atemberaubende Linie präsentierte: Kühn ausgeschnittene Kotflügel, eine niedrige, stark gepfeilte Windschutzscheibe, ein lang auslaufendes Heck und eine besonders lange Motorhaube mit horizontalen Entlüftungsöffnungen betonten die Waagrechte auf extreme Weise. Bei manchen Karosseriedetails, z. B. beim knapp bemessenen, dem optischen Gesamteindruck des Wagens untergeordneten Cockpit, mag die Formgebung von Flugzeugen Pate gestanden haben. Der Wagen wirkte selbst im Stand zweihundert Stundenkilometer schnell. Daß diese Version zu einem der begehrtesten Sammlerobjekte wurde, ist nicht verwunderlich. Ein Spezial-Roadster war es auch, der 1979 bei einer Auktion in den USA alle bisherigen Preisrekorde einstellte, mit einem Erlös von mehr als einer Dreiviertelmillion Mark den Besitzer wechselte und weltweite Berühmtheit erlangte.

Auf der Basis des Normalroadsters wurde in verschwindend geringen Stückzahlen ein zweisitziges Coupé gebaut, das vom Werk als »Sport-Innenlenker« oder als »Roadster-Limousine« bezeichnet wurde. Im April 1935 wurde dem Starfahrer des Hauses, Rudolf Caracciola, ein derartig karossierter 500 K zur Verfügung gestellt. Dieses Auto befindet sich als einziges überlebendes Exemplar dieser Ausführung nach längeren Aufenthalten in Frankreich und Italien seit 1953 in den Vereinigten Staaten.

Am beliebtesten waren ohne Zweifel die traditionellen Cabriolets A, B und C, die über schwere, wattierte Verdecke verfügten und sich als ebenso warm und komfortabel wie Wagen mit geschlossenen Karosserien erwiesen. Seltener wurde der 500 K dagegen als Limousine

karossiert. Dabei stand sowohl ein zwei- als auch ein viertüriger Innenlenker – beide mit sehr formellem, vertikal betontem Styling – zur Auswahl, wobei der Viertürer nur einen relativ beengten Einstieg zum Wagenfond bot. Die Ausführung als offener Tourenwagen schließlich stellte weniger ein Zweckfahrzeug, denn eine weitere elegant gestaltete, auf private Verwendung gezielte Variante dar. Diese seltener georderten Versionen verkörperten praktisch im Innenraum vergrößerte, viersitzig und zweitürig ausgeführte Roadster.
Bei der IAMA 1935 wurde unter der Bezeichnung »Autobahn-Kurier« eine im Stile französischer Grand-Tourisme-Coupés von Bugatti und

Gegenüberliegende Seite: 500 K Spezial-Stromlinienwagen, Karosserie Sindelfingen, gebaut im April 1935.
Links und unten: 500 K »Autobahn-Kurier« aus dem Jahre 1935.

Delahaye bizarr gestaltete Stromlinienlimousine vorgestellt, die in dieser Form bereits bei der 2000-Kilometer-Fahrt durch Deutschland am Start gewesen war und einen Klassensieg errungen hatte. Dieses Modell verfügte zwar nicht über einen optimierten ^{c}w-Wert, konnte aber mit vorne teil- und hinten vollverkleideten Rädern, einem Käferrücken, tropfenförmig ausgebildeten Scheinwerfern und V-förmiger Windschutzscheibe mit einem reduzierten Luftwiderstand aufwarten. Diese Version besaß nicht etwa – wie zeitgenössische Fotos vermuten lassen könnten – Scheibenräder. Vielmehr waren die Speichenräder mit lackierten Blechblenden verkleidet. Dem Autobahn-Kurier folgten in Sindelfingen weitere Studien von Stromlinienwagen auf der Basis des 500 K im Kundenauftrag.

Auf dem kurzen Fahrgestell wurden zwei Ausführungen des 500 K geliefert, die dem Sportwagenbegriff etwas näherkamen: Sportroadster und Sportcoupé gaben sich schlichter als ihre langen Pendants, waren aber keineswegs preisgünstiger.

Die Ausstattung des 500 K war von überdurchschnittlicher Qualität. Beim Armaturenbrett und beim Türtrim gelangten hochwertige exotische Edelhölzer wie Walnuß, Mahagoni und Jakaranda zur Verwendung. Verstellbare Sitzlehnen, zumeist mit einer Liegeeinrichtung versehen, serienmäßige Reisekoffersätze, umschaltbare Elektrofanfaren, eine reichhaltige VDO-Instrumentierung, die auch einen Drehzahlmesser und eine Öltemperaturanzeige umfaßte, ein zentral am Lampenbügel befestigter Kurvenscheinwerfer – heute würde man Breitstrahler sagen – und vielfältige Ablagemöglichkeiten für Reiseutensilien ließen keine Wünsche offen. Auch fast jedes darüber hinausgehende Verlangen würde gegen Aufpreis erfüllt: Vom Gewehrhalter bis zum Golffach, von der Eisbox bis zum Kleintresor wurden viele Ideen anspruchsvoller Kunden in Sindelfingen realisiert, ähnlich wie vierzig Jahre später beim 600. Heizung und Radio – ein Telefunken-Autosuper – zählten zu den Sonderwünschen und bedingten Aufpreise. Die Stoßstangen waren mit Gummipolstern besetzt, die auf Wunsch weiß ausgeführt werden konnten.

Symbolträchtigstes Attribut des 500 K war zweifellos die Motorhaube, die in ihrer Länge über die Notwendigkeit, einen Reihenachtzylinder zu beherbergen, weit hinausreichte. Dadurch, daß sie fast die Hälfte der Wagenlänge einnahm, bei den viersitzigen Varianten auf halbem Radstand endete und bei den Zweisitzern noch deutlich weiterreichte, wirkten die Wagen bei aller Massivität doch irgendwie grazil und vor allem optisch noch länger, als sie es mit mehr als fünf Metern ohnehin

waren. Mit Ausnahme des Spezial-Roadsters wiesen die Motorhauben an den Flanken vertikale Luftschlitze auf. Mit dem Spitzkühler, der auf Wunsch mit einem die Ornamentik ungeheuer anhebenden Steinschlaggitter ausgerüstet werden konnte, wurde von modernen Motor-Literaten nicht selten eine völkische Metaphorik assoziiert. Eine amerikanische Quelle sprach gar von „teutonischer Aggressivität« . . .
Weniger aggressiv präsentierte sich der 500 K in puncto Fahrleistungen, wenn er auch zu seiner Zeit durchaus zu den schnellsten Serienwagen zählte. Trotz eines Leergewichtes von etwa 2300 Kilogramm beschleunigte der Luxusliner ausgesprochen flott: 100 km/h waren aus dem Stand in 16 Sekunden erreicht, ein britischer Journalist benötigte sogar nur 14,8 Sekunden, um den 500 K aus dem Ruhestand auf 96 km/h (60 mph) zu katapultieren. Die Zeitschrift *Motor und Sport* ermittelte 1935 auf der Avus eine Höchstgeschwindigkeit von 159,5 km/h, für die natürlich ein Kompressoreneinsatz unabdingbar war. Ohne das Ladegebläse lief der 500 K 127 km/h. Wenn auch das Werk in einem Prospekttext ausdrücklich auf die Sparsamkeit des Wagens hinwies – ein ökonomisches Wunder konnte der 500 K nicht darstellen. Unter 26 l/100 km war der Verbrauch nur bei einer dem Charakter des Wagens kaum mehr adäquaten Fahrweise zu senken. Bei häufiger Kompressorbenützung waren 30 und mehr Liter durchaus realistisch.
Sicher beherrschte der 500 K – wie es ihm an der Wiege gesungen wurde – auf fast konkurrenzlose Art und Weise große Entfernungen. Freilich erzielt ein in Großserie gefertigter und vergleichsweise profaner und billiger Golf GTI heute weitaus ansehnlichere Fahrleistungen, man darf den 500 K jedoch nicht aus dem Gefüge seiner Zeit herausisolieren. Er ermöglichte es tatsächlich, »Reisezeiten ohne Berücksichtigung der Straßenverhältnisse festzulegen und jeden Schnellzug hinsichtlich des zu erzielenden Reisedurchschnitts zu schlagen«, wie eine Werksverlautbarung versprach – wenn auch ein ganzer Mann hinter dem Steuer zu einer derartigen Unternehmung notwendig war.
Um die Mitte der dreißiger Jahre nahm ein von einem Engländer gemeldeter 500 K Spezialroadster an der Rallye Monte Carlo teil. Ein etwaiger Erfolg wurde nicht überliefert, jedoch war dieser Typ von der Auslegung her für derartige Langstreckenwettbewerbe sicher nicht ungeeignet, allenfalls zu teuer und zu wertvoll.
Die Preisliste für den Fünfliter-Kompressorwagen war recht einprägsam gestaltet: Mit Ausnahme des Spezial-Roadsters (28 000 Mark) und des Autobahn-Kurier (24 000 Mark) kosteten alle Versionen ungeachtet des Radstandes einheitlich 22 000 Mark. Das betriebsfertige Fahrgestell war für 15 500 Mark zu haben.
Als der 500 K 1936 dem noch leistungsfähigeren 540 K das Feld räumte, waren 354 Exemplare gefertigt worden. Ein Verkaufserfolg läßt sich an dieser Stückzahl ganz und gar nicht ermessen – dazu war dieser großartige Wagen auch in keiner Weise auserkoren. Die Mercedes-Kompressorwagen wiesen stets eine hohe Exportquote auf und fanden den Weg in die Garagen der Großen in aller Welt. Vom schwedischen Drottningholm über die Villa Hügel in Essen bis zu Hermann Görings Karin-Hall waren die 500 K bei unzähligen gekrönten und bürgerlichen Prominenten zu Hause und überlebten zu einem hohen Prozentsatz die Kriegswirren.

Gegenüberliegende Seite und rechts: Eine nach privater Order gebaute Stromlinien-Limousine, die 1936 in Sindelfingen entstand.

Der potentere Deszendent des 500 K galt als der schnellste deutsche Serienwagen – ein Liebhaberstück von Anfang an:

Mercedes-Benz 540 K

Anfang Oktober 1936 debütierte auf dem Pariser Salon der letzte Vertreter der *personality cars* von Mercedes-Benz mit Kompressor – der 540 K. Da sich die Veränderungen an der Technik, für die Konstruktionschef Max Sailer und Fritz Nallinger verantwortlich waren, in Grenzen hielten, blieb es beim Baumuster-Code W 29.
Die Kraftquelle mit der Typenchiffre M 24 II war im Hub um weitere zwei Millimeter verlängert und um drei Millimeter aufgebohrt worden, woraus ein effektiver Hubraum von 5401 ccm resultierte. Das Verdichtungsverhältnis war in einer weiten Spannbreite zwischen 5,18:1 und 6,5:1 angesiedelt, um eine Anpassung an unterschiedliche Kraftstoffqualitäten – vor allem in Exportländern – sicherzustellen. Bei identischer Gemischaufbereitung und Beatmung stieg die Nennleistung auf 115 PS bei Saugbetrieb und 180 PS bei Kompressoreinsatz. Die spezifische Leistung war auf 21,3 bzw. 33,3 PS/Liter angewachsen.
Neu waren natriumgekühlte Auslaßventile, die auch kurzzeitiger Überbeanspruchung standhielten. Die Jumo-Kraftstoffpumpe hatte nun ihren Platz rechts am Zylinderblock gefunden. Eine automatische Zündverstellung zählte ebenfalls zu den Neuerungen. Der Vertikal-Doppelvergaser, dessen zwei Lufttrichter die vier mittleren Zylinder und das vordere und hintere Zylinderpaar getrennt versorgten, hatte man vom 500 K übernommen. 1938 wurden Luftfilter und Ansauggeräuschdämpfer wirkungsvoller gestaltet und getrennt. Der Luftreiniger war nun stehend vor dem Zylinderkopf angeordnet. Der Reservetank an der Spritzwand wurde gegenüber dem 500 K im Fassungsvermögen auf zehn Liter reduziert, der Inhalt des Haupttanks im Wagenheck dagegen auf 115 Liter erweitert.
Daß das 5,4-Liter-Triebwerk dem Fahrwerk nun ebenbürtig war und das hohe Gewicht von Chassis und Aufbauten besser zu kompensie-

ren vermochte, lag auf der Hand. Der Motor erwies sich so kultiviert wie eh und je und vermittelte seine Kraft allenfalls noch unauffälliger. Die Verbesserungen am Ansaugtrakt dämpften das Kreischen bei zugeschaltetem Drehflügelgebläse wirkungsvoller als beim 500 K. Letztmalig gelangte mit dem 540 K bei Daimler-Benz der Wabenkühler zum Einbau.

Das Schnellganggetriebe des 500 K wurde nur für eine kurze Zeitspanne übernommen und bereits ein halbes Jahr nach der Vorstellung des 540 K durch ein konventionelles Vierganggetriebe ersetzt, bei dem der vierte Gang als direkte Übertragung fungierte und der erste nach wie vor unsynchronisiert war. Trotz der Gleichlaufvorrichtung der drei oberen Fahrgänge empfahl das Handbuch ein Zwischenkuppeln. Zur IAMA 1939 erhielt der 540 K dann ein fast gleichgestuftes Fünfganggetriebe, dessen oberste Fahrstufe als integrierter Autobahngang in der Relation 1:0,80 untersetzt war. Den drei Getriebeausführungen waren die Antriebsübersetzungen jeweils angepaßt, wobei sich die Gesamtübersetzung im obersten Gang zwischen 2,80 (Fünfgang) und 3,60 (Viergang-Normalgetriebe mit »kurzer« Achse) bewegte.

Wie beim 500 K war das im strukturellen Aufbau unveränderte Chassis wieder in den beiden Radständen 3290 und 2980 mm lieferbar, wobei die kürzere Ausführung nur einigen Zweisitzern zur Verfügung stand und – anders als beim 500 K – zunächst mit der veränderten Wagennummer W 129 versehen wurde. Im Jahre 1939 sollte der Daimler-Benz-Planung zufolge die gesamte K-Fertigung auf die kürzere Variante umgestellt werden, deren Gesamtlänge um einen dreiviertel Meter auf 448 Zentimeter schrumpfen sollte und damit sowohl ein höchst sportives Flair als auch hohe Fahrleistungen vorzuweisen gehabt hätte. Nicht zuletzt wegen der politischen Umstände wurde dieses Vorhaben jedoch fallengelassen und alle hergestellten W 129 als W 29 umtypisiert.

Das Fahrwerk des 540 K entsprach weitgehend dem des Vorgängers. Neu waren allerdings die Ausgleichsleitungen, die die hinteren doppeltwirkenden Stoßdämpfer verbanden, und ein kräftiger Querstabilisator, der ab Anfang 1939 die Ausgleichsfeder in Fortfall brachte. Die vorderen Stoßdämpfer – doppeltwirkende Houdaille-Dämpfer, die auch Vertikalschwingungen absorbierten – waren zunächst längs zum Rahmen angeordnet, wurden aber bald über den Schraubenfedern plaziert.

Die vorerst mit der Ausführung 500 K baugleichen Bremsen erfuhren 1939 an den Vorderrädern Modifikationen: Breitere Trommeln und Duplex-Zylinder sorgten für leistungsangepaßte Verzögerung. Die Drahtspeichenräder mit der innenverzahnten Rudge-Nabe wurden 1938 auf vier Zoll verbreitert, wobei sich die Dimensionierung der Bereifung gegenüber dem 500 K nicht änderte.

Gegenüberliegende Seite: 540 K Cabrio A auf kurzem Chassis – praktisch äußerlich identisch mit dem als Nachfolger projektierten 580 K. Links oben: Ein 540 K Kombinations-Coupé 1937 und ein Cabriolet A aus dem gleichen Jahre.

Das katalogmäßig lieferbare Angebot an Aufbauten entsprach mehr oder minder dem des Vorläufers. Auf dem kurzen Radstand gab es einen Sportroadster mit Leichtmetallkarosserie und ab 1938 ein Sportcabriolet A mit ganz ähnlicher Linienführung. Das »kurze« Coupé war nicht mehr erhältlich. Auch beim Langchassis sind einige Streichungen zu vermerken: Der Autobahn-Kurier wurde zwar beim Debüt des 540 K noch angeboten, aber sogleich wieder aus dem Programm genommen. Ebenso verschwanden der viertürige Innenlenker und der Normalroadster aus dem offiziellen Angebot, wurden aber in Einzelfällen auf Kundenwunsch noch gefertigt.

Der vom 500 K her bekannte Spezial- oder Sportroadster wurde mit seiner betörenden Silhouette fürs erste ohne Retuschen übernommen. Im Herbst 1937 löste man diese aus dem üblichen Rahmen der Serie fallende Version mit ihrer etwas überspannten Ornamentik jedoch durch eine schlichtere Erscheinung ab. Die Kotflügel waren weniger keck ausgeschnitten und umfaßten die Räder auf zweckmäßigere Weise. Der Kühler wanderte fast bis auf Höhe des vorderen Radzentrums, die immense Länge der Motorhaube wurde auf das bei

Linke Reihe von oben nach unten: 540 K, viertürige Limousine 1937 und zwei weitere von Freestone & Webb karossierte Limousinen aus dem Jahre 1939. Der mittlere Wagen befindet sich heute in Australien. Rechts oben: 540 K Coupé in Nordafrika.

den übrigen Modellen gebräuchliche Maß vermindert. Dadurch gewann das Cockpit an Geräumigkeit. Das Heck wurde – um der Gepäckunterbringung mehr Kapazität zu bieten – fülliger ausgestaltet und wirkte jetzt bei weitem nicht mehr so elegant wie vorher. Das Ersatzrad war im Kofferabteil völlig verdeckt untergebracht, ein zweites Reserverad wurde lose mitgeliefert und konnte bei Bedarf mittels einer temporären Halterung über dem Heckdeckel befestigt werden. Wie beim Vorgänger standen zwei Kurzstreckenpassagieren beengte Plätze im »Schwiegermuttersitz« zur Verfügung, der über herausklappbare Tritte in beiden Karosserieseiten bestiegen werden konnte. Das ungepolsterte Verdeck war natürlich voll versenkbar.

Neu war für den 540 K auch ein sogenannter »Kombinationswagen«, zuweilen auch als »Kombinations-Coupé« bezeichnet, der im Frühjahr 1937 erschien. Diese Version verfügte sowohl über ein abnehmbares Roadsterverdeck als auch über ein schnell demontierbares Ganzstahldach und konnte somit jeglichen Witterungsverhältnissen angepaßt werden. Dieses Coupé war zweisitzig mit einem quer eingebauten Notsitz ausgeführt, der gegen zwei Klappsitze ausgetauscht werden konnte.

Die in Gemischtbauweise erstellten Karosserien wiesen zunächst eine vom 500 K her unveränderte Linienführung auf. Einziges äußeres Unterscheidungsmerkmal waren die nun bei allen Aufbauvarianten in zwei oder drei Gruppen horizontal angeordneten Luftschlitze in der Motorhaube, die bei den Roadstern nicht mehr so üppigen Chromzierat wie vormals aufwiesen. Natürlich gab es auch von dieser Regel individuell bedingte Abweichungen. Nach einer Produktionsdauer von knapp zwei Jahren entschloß man sich zu Retuschen, die einesteils zu einer wuchtigeren Charakteristik, andererseits in Hauptstilelementen zu einer Angleichung an die übrigen, profaneren Mercedes-Typen der ausgehenden dreißiger Jahre führten. Die Kotflügel wurden fülliger und wiesen keine Kehlungen mehr auf, die Heckgestaltung war nun rundlicher, stumpfer geworden – die A-Cabrios zeigten gewisse stilistische Parallelen zu den Horch-853-Cabriolets, vor allem, wenn sie zweifarbig lackiert waren. Von Plagiat war hier natürlich keine Rede. Kurz vor Kriegsbeginn kam es zu Studien für eine neue Generation von Karosserien für die Kompressor-Baureihe, die aber nicht mehr im Serienbau realisiert wurden. Nach vorne bis zur Stoßstange heruntergezogene, weitausladende Vorderkotflügel, Hinterkotflügel mit verkleideten Radausschnitten, weniger stark zugespitzte Kühler und in Metallgehäusen verkapselte seitliche Ersatzräder ließen diese Einzelstücke zwar außergewöhnlich, aber dennoch mehr ungeschlacht als behende aussehen.

Beim Studium der Sindelfinger Zeichnungsverzeichnisse fällt auf, daß die Daten für ein und dieselbe Karosserievariante stark variieren. Das Cabriolet A auf Normalradstand wurde beispielsweise in den Jahren 1936 bis 1939 mit sieben verschiedenen Gesamtlängen zwischen 5032 und 5350 mm registriert. Bei den selteneren Limousinen entsprach gar kaum ein Wagen dem anderen. In der Wagenbreite gab es generell die gleichen Abweichungen. Diese Vielfalt läßt die Bandbreite der individualistisch gearteten, auftraggeberbezogenen Dynamik des Daimler-Benz-Karosseriebaus erkennen. Als der 540 K lange vor seinen weniger divinen Zeitgenossen in den fünfziger Jahren zum Sammel- und Restaurationsobjekt wurde, mußten die Besitzer dieses Klassikers schmerzlich erkennen, daß eine Transplantation von Blechteilen von einem Wagen zum anderen kaum möglich war, besonders, wenn es sich um späte Baujahre handelte, und daß eine Lagerhaltung für universell passende Aufbauelemente kaum existieren konnte.

Über Detailretuschen hinaus kam man in Sindelfingen so gut wie jedem Auftrag nach und erfüllte ungeachtet des jeweiligen Kundengeschmacks auch ausgefallene und skurille Begehren nach Nonkonformismus und Distinktion. So konnten in der werkseigenen Karosseriemanufaktur so eigenwillige Gebilde wie ein Reiseroadster mit unzähligen Stauräumen für das große Gepäck, ein Stromformcoupé mit glattem Schrägheck oder eine zweitürige, nach Prinzipien Paul Jarays aerodynamisch konsequent durchgestaltete Stromlinienlimousine entstehen. Letztere Kreation verdient nähere Betrachtung: Der Wagen wurde 1938 von den Dunlop-Reifenwerken in Auftrag gegeben und sollte Hochgeschwindigkeits-Reifenversuchen dienen. Aus Gründen der Standfestigkeit war auf einen Kompressoreinbau verzichtet worden. Dieses Zweckautomobil lief dennoch stramme 185 km/h – Resultat sowohl der spartanisch ausgestatteten Leichtmetallkarosserie als auch der Verwirklichung strömungstechnischer Gesetzmäßigkeiten.

Auch die prominenten Karossiers des In- und Auslandes kleideten den 540 K erlesen und extravagant ein – sei es als ultrakonservative Reiselimousine im *razor edge styling,* als romanisch-leichtblütig gezeichneten Roadster oder als schlichten Tourer. Diese Einzelstücke entstanden in Deutschland bei Erdmann & Rossi, bei Voll & Ruhrbeck und

Stand der Daimler-Benz AG auf der Olympia-Show in London 1936.

bei Hebmüller, in Belgien bei Van den Plas, in Großbritannien bei Freestone & Webb und bei Offord & Sons, in Frankreich bei Saoutchik und in Italien bei Figoni & Falaschi.

In seinen Fahrleistungen übertraf der 540 K seinen Vorgänger um ein Beträchtliches. Der »Weltbegriff für Schönheit und Schnelligkeit« – so ein Prospekttext – lief gemäß Werkangabe mit Kompressor 170 km/h; ohne Lader wurden mit dem Autobahngetriebe 145 km/h erreicht, die als durchaus problemlose Dauergeschwindigkeit galten. Mit konventionellem Vierganggetriebe lag die permanent zulässige Geschwindigkeit bei 130 km/h. Diese Werte wurden in Testberichten bestätigt: *The Motor* in England ermittelte eine Spitze von 170,6 km/h und die Landsleute von *The Autocar* einmal 169,6 km/h und bei einem weiteren Test auf der Brooklands-Bahn 167,5 km/h – allerdings mit drei Personen an Bord. Ein Sportroadster auf kurzem Radstand erreichte laut Meßprotokoll des Werkes 174 km/h. Dürftiger gesät sind vergleichbare Beschleunigungsmessungen: *Motor und Sport* stoppte 19 Sekunden für die Spanne 0–100 km/h, aber ein 1951 in England getesteter, durchaus nicht mehr taufrischer Gebraucht-540 K benötigte nur zehn Sekunden bis zur 80 km/h-Marke.

Im Benzinverbrauch unterschied sich der 540 K nur unwesentlich vom Konsum seines Vorgängers – 30 Liter für 100 Kilometer waren bei vollem Ausnützen des Leistungspotentials allemal als Normalwert zu

akzeptieren. Dagegen bedarf der vom Werk angegebene Ölverbrauch von drei Liter für 1000 Kilometer Fahrstrecke eines Kommentars aus heutiger Sicht: Die Mercedes-Kompressor-Motoren standen bezüglich Fertigungstoleranzen und Passungen durchaus auf einem hohen Niveau.
Auch in seinen Fahreigenschaften erwies sich der 540 K als exzeptionelles Automobil. Das »annähernd neutrale Fahrverhalten«, das ihm ein Journalist testierte, erscheint zwar einer ebenso relativierten Sichtweise zu entstammen wie die »bombenfeste Straßenlage« *(Motor und Sport),* aber zwischen Motor und Fahrwerk bestand zweifelsohne weitgehende Harmonie. Die Lenkung erwies sich als weich und stoßfrei und vermittelte dabei guten Fahrbahnkontakt. Die Pendelachse war trotz Ausgleichsfeder bzw. Stabilisator für eine deutliche Übersteuertendenz im Grenzbereich verantwortlich, vor allem bei lockerem Straßenbelag oder feuchter Fahrbahn. Der urplötzlich einsetzende Schub des eingekuppelten Laders konnte in Kurven verheerende Folgen haben, wenn ein Normalverbraucher am Steuer saß. Ein kundiger Pilot war dagegen ohne weiteres imstande, auf gewöhnlicher Landstraße Reisedurchschnitte von 100 km/h unter Beweis stellen.
Im Motorsport konnte der komfortorientierte Reisesportwagen kaum eine Rolle spielen. Dafür trat er bei Schönheitskonkurrenzen in aller Welt – von Cannes bis Ostende, von Budapest bis Villars – permanent als Tagessieger in Erscheinung. Vor allem in den Vereinigten Staaten stellen die 540 K nicht selten auch heute noch *concours winners* bei Car Shows und Clubtreffen.
In der Preisgestaltung unterschied sich der 540 K nicht von seinem Vorgänger. Statt eines ohne Sonderwünsche veredelten 540 K hätte man ohne weiteres auch ein halbes Dutzend 170 V erwerben können. Im Inland und auf den Exportmärkten fand der 540 K beständig seine zehn Abnehmer pro Monat. In England verkaufte er sich mit einem Preis von 1895 Pfund durchaus gut. Seine Mitbewerber um die Käufergunst auf dem Oberklassemarkt waren nicht in jeder Hinsicht vergleichbar: Bentley 4,25 Litre, Daimler Double Six und Lagonda V 12 waren dem deutschen Kompressorwagen leistungsmäßig kaum gewachsen. In den USA zählte der 540 K zu den wenigen Importwagen aus Europa vor dem Kriege und war mit 14 000 Dollar (Spezialroadster) noch wesentlich teuerer als selbst sonderkarossierte Packard V 12 und Cadillac V 16 Cabriolets.

Ganz oben: Ein 540 K Tourer von 1938. Darunter: 540 K Cabriolet B 1937. Links: 540 K Ausrüstungsdetails.

Links: Mercedes 540 K Spezial-Roadster in Sonderausführung mit Zusatztank auf dem Trittbrett. Darunter: Zwei weitere Wagen dieser Aufbauvariante.

Obere Reihe links: 580 K Cabriolet A 1939, rechts: 540 K Coupé 1938. Untere Reihe links: 540 K Spezialausführung Sindelfingen mit verfremdeten Kühler; rechts daneben ein Cabriolet B in Sonderausführung 1938.

Modell	540 K (W 29)	540 K (W 129)	580 K (W 129 II)
Produktionszeit	Oktober 1936 – Juni 1943		Februar 1939 – 1940
Motor	Reihenachtzylinder M 24 II		M 124
Bohrung/Hub/ccm	88 × 111; 5363 ccm (eff. 5401 ccm)		95 × 100
Verdichtung	5,18 bis 6,5:1 nach Kraftstoff		6,5:1
Leistung	115/180 PS bei 3400 U/min		130/200 PS b. 3400 U/min
Ventile, Steuerung	ohv, 1 seitl. Nockenwelle	ohv, 1 seitl. Nockenwelle	ohv, 1 seitl. Nockenwelle
Schmierung	Druckumlauf	Druckumlauf	Druckumlauf
Kühlung	Wasser, Kreiselpumpe	Wasser, Kreiselpumpe	Wasser, Kreiselpumpe
Vergaser	1 Doppel-Steigstrom Mercedes; Kompressor		
Elektrik	12 Volt 60 Ah	12 Volt 60 Ah	12 Volt 62, 5 Ah
Kupplung	Einscheiben-Trockenkupplung		
Getriebe	bis März 1937: 4-Gang m. Schnellgang März 1937–Febr. 1939: 4-Gang ab Febr. 1939: 5-Gang m. Schnellgang		5-Gang m. Schnellgang
Lenkung	Schraubenspindel	Schraubenspindel	Schraubenspindel
Fußbremse	hydraul., Trommel, Dewandre-Servo		
Handbremse	mechan., Hinterräder	mechan., Hinterräder	mechan., Hinterräder
Chassis	Preßstahl-Kastenrahmen	Preßstahl-Kastenrahmen	Preßstahl-Kastenrahmen
Radstand; Spur v/h	3290; 1535/1547 mm	2980; 1515/1547 mm	2980; 1535/1547 mm
Gesamtabmessungen	5032 × 1880 × 1550 mm	4650 × 1900 × 1450 mm	4480 × 1940 × 1520 mm
Bereifung	7.00 – 17	7.50 – 17	7.50 – 17
Tankinhalt	115 Liter + 10 Liter Reserve		120 Liter
Leergewicht	2300 kg (Cabrio A)	2240 kg (Roadster)	2250 kg (Roadster)
Höchstgeschwindigkeit	170 km/h	174 km/h	185 km/h
Stückzahlen	406	38	13
Preise	Roadster RM 22 000 Cabriolet A RM 22 000 Cabriolet B RM 22 000 Cabriolet C RM 22 000 Coupé RM 22 000 Lim. 2t. RM 22 000 Off. Tourer RM 22 000	Sport-Roadster RM 22 000 Cabrio A kurz RM 22 000	(Kein Verkauf)

Der Kompressor-Sportwagen 540 K in technisch-nüchterner Betrachtung. Trotz zahlreicher Chassis-Durchbohrungen kam der Roadster noch auf 2240 kg Eigengewicht!

Oben: 540 K »Autobahn-Kurier« in zweiter Auflage mit Schiebedach, im Privatauftrag in Sindelfingen gefertigt. Links und unten: Kompressorlose 540 K-Stromlinien-Limousine für Reifenversuche von Dunlop.

Die Liste der per 540 K motorisierten Prominenten umfaßt populäre Namen wie Marika Rökk und Gustav Gründgens von Leinwand und Bühne oder Jan Kiepura, James Melton und Heinz Tietjen aus der Welt der großen Musik. Der Sultan von Johore erwarb 1937 auf dem Daimler-Benz-Stand der Londoner Olympia-Show den ausgestellten Spezial-Roadster und schenkte ihn 30 Jahre später dem Werksmuseum. Bis zum 8. Juni 1943, dem Fertigstellungsdatum eines letzten Innenlenkers – offiziell ruhte die Produktion schon seit Ende 1939 – waren 406 540 K mit Normalradstand und 38 Exemplare auf kurzem Chassis produziert worden. Im Juli 1940 war übrigens noch eine kleine Serie von B-Cabriolets mit Panzerung für den oberen Parteikader in Berlin in Auftrag gegeben worden, zur Ausführung dürfte es aber nicht gekommen sein. Man hatte bald allerorten andere Sorgen . . .

Die Modellplanung der Daimler-Benz AG bezüglich des Personenwagenprogramms der höchsten Preisklassen für die vierziger Jahre war bereits Anfang 1939 konkretisiert worden. Der 540 K sollte ausschließlich auf kurzem Radstand gebaut und dann ab Herbst 1939 im 580 K seinen Thronfolger finden. Dieser Kompressor-Luxussportwagen der vierten Generation hatte seinen ersten öffentlichen Auftritt bereits bei der IAMA im Februar 1939 in Berlin, ohne jedoch dort ein wirkliches Debüt zu geben. Er zierte den Daimler-Benz-Stand unter dem Pseudonym seines Halbbruders 540 K. Dabei blieben auch seine veränderten Daten dem Publikum verborgen.

Während der grundsätzliche Aufbau von Chassisrahmen und Fahrwerk gegenüber dem 540 K unmodifiziert blieb und auch das Fünfgang-Autobahngetriebe – allerdings mit leicht gewandelter Stufung – weiterhin Verwendung finden sollte, hatte man den Hubraum des im Prinzip ebenfalls unveränderten Achtzylinders durch Aufbohren und Hubverlängerung auf knapp 5,8 Liter vergrößert. Bei einer Verdichtung von 6,5:1 – wobei man die um die Mitte des Jahres 1939 sinkende Normoktanzahl des Tankstellenbenzins noch nicht berücksichtigen konnte – leistete das Triebwerk des Baumusters M 124 im Saugbetrieb 130 PS und mit zugeschaltetem Gebläse 200 PS.

Daß der 580 K mit seinen leichten zweisitzigen Aluminiumkarosserien auf dem kurzen Fahrgestell gut für 200 km/h gewesen sein soll, wie eine Legende behauptet, dürfte leicht übertrieben sein, aber 185 bis 190 km/h waren sicher im Bereich des Möglichen. Meßprotokolle des Werkes liegen für diesen Prototyp nicht vor.

Mindestens drei Wagen – darunter das Ausstellungsfahrzeug – waren komplett karossiert worden. Diese Roadster- und Cabriolet-A-Aufbauten waren breiter und flacher als beim 540 K üblich und verfügten über voluminösere Kotflügel. Weitere zehn Fahrgestelle wurden in den Jahren 1939 und 1940 mit unvollständigen Aufbauten versehen und niemals vollendet. Überdies hatte man 17 Chassis und Motoren des 580 K zur Montage vorbereitet, sie wurden aber weder zusammengebaut noch fanden sie Eingang in die Produktionsstatistik. Ob diese Fahrzeuge und Fragmente verschrottet wurden oder durch die Kriegsfolgen verlorengingen, ist nicht bekannt. Sicher ist jedoch, daß kein 580 K ausgeliefert wurde, auch wenn Major Adolf Hühnlein, Korpsführer des NSKK, das erste Exemplar erhalten sollte. Am 26. August 1941 wurden die Auftragsbestände in den Wagenbüchern laut Direktionsbeschluß annulliert. Beharrlich hält sich übrigens das Gerücht, daß in den USA mindestens ein 5,8-Liter-Motor existieren soll.

Nicht im Verkaufsprogramm, ohne Erwähnung in der Presse:
Im Grunde dienten diese Wagen lediglich als Versuchsträger oder Staatskarosse:

Mercedes-Benz 500 K / 540 K W24

Im Frühjahr 1934 begann bei Daimler-Benz in aller Stille die Produktion eines großen Repräsentationswagens, von dem selbst die Fachwelt keine Notiz nehmen konnte und der weder in Typentafeln noch auf Preislisten verzeichnet war. Dieser Typ 500 – neben dem gleichzeitig erschienenen 500 K und dem 500 alias Nürburg der dritte Mercedes mit dieser Ziffernfolge – stellte ein Konglomerat von Hauptbauteilen verschiedener Modelle dar. Vom Werk wurde dieses Fahrzeug posthum als Versuchswagen eingestuft, dennoch fand das riesige Auto indirekt seinen Weg in die Öffentlichkeit – als Paradewagen des oberen Kaders der verschiedenen nationalsozialistischen Parteiorganisationen und zuweilen auch hoher Militärs. Während der 770/W 07 den höchsten Potentaten der Reichskanzlei vorbehalten blieb, sollte der W 24 den politischen Rang einnehmen, den bisher der Nürburg innehatte, und den nächsthöheren Chargen zur Verfügung stehen. Bemerkenswert ist dabei, daß diese Wagen – auch wenn sie »hoheitliche« Aufgaben verrichteten – stets im Besitz des Werkes verblieben.
Der Chassisrahmen des W 24 stammte im wesentlichen vom Nürburg bzw. 500 N, auch der Radstand war identisch. Ebenso wurde die starre Faust-Vorderachse des Nürburg verwendet. Bei der Hinterachse dagegen suchte man eine ungewöhnliche Lösung und entwickelte eine De-Dion-Achse. Dieses Bauprinzip stellt im Grunde ein Mittelding zwischen einer Starrachse und einer Einzelradaufhängung dar. So war auch beim W 24 der Achsantrieb mit dem Differential fest mit dem Rahmen verschraubt. Die Hinterräder waren an Schräglenkern geführt, durch ein kräftiges, gekröpftes Achsrohr, das an den Bremsankerplatten befestigt war, verbunden und stützen sich durch riesige Schraubenfedern ab. Die Antriebswellen wiesen je zwei Kreuzgelenke auf; die Hinterräder standen so auch bei vollem Einfedern zueinander

Gegenüberliegende Seite: W 24 als Tourenwagen 1936.

Links: Frontansicht der Staatskarosse.

Oben: W 24 Chassis mit Kompressormotor.

parallel. Die konstante Spur und die äußerst geringen Sturzänderungen wurden durch den weiteren Vorzug der gegenüber der reinen Starrachse minimalen ungefederten Massen ergänzt. Mit der De-Dion-Achse im W 24 konnte Daimler-Benz in ausgedehnten Versuchen Erfahrungen erwerben, die dem Rennwagenbau zugute kamen: Im Jahre 1936 erhielt der Grand-Prix-Typ W 125 eine derartige Hinterradaufhängung.

Vordere und hintere Spurweite des W 24 sollten laut offizieller Beschreibung eigenartigerweise mit den entsprechenden Maßen des 500 K übereinstimmen, obwohl sich der experimentelle Staatswagen gerade in puncto Radaufhängung gründlich vom Kompressorsportwagen unterschied.

Das Triebwerk des W 24 entstammte dem 500 K und war dementsprechend ein obengesteuerter Reihenachtzylinder, der allerdings seines Kompressors beraubt wurde. Da die Nennleistung somit bei 100 PS lag und damit genau der Kraftentfaltung des seitengesteuerten Nürburg-Motors entsprach, erhebt sich die Frage, wieso man überhaupt zum ohv-Aggregat übergegangen war. Da für den W 24 gemäß Meßprotokoll eine Spitzengeschwindigkeit von 142 km/h gemessen wurde und der fast gleichschwere Nürburg bzw. 500 N bei unveränderter Aerodynamik und fast identischer Gesamtübersetzung nur 120 km/h erreichte, ist die Leistungsangabe von 100 PS für das unaufgeladene ohv-Triebwerk entschieden anzuzweifeln. Übrigens hatte dieser Motor seinen Baumustercode M 24 durch seinen zuerst beim W 24 realisierten Einsatz erhalten. Kaum mehr zu beweisen ist die werksseitig geäußerte Vermutung, daß beim W 24 in Einzelfällen auch die aufgeladene 500 K-Kraftquelle zum Einbau gelangte – glaubhaft ist sie aber.

Die Karosserien, mit denen der W 24 als offener Tourenwagen oder als Cabriolet F eingekleidet wurde, stammten – von Detailänderungen abgesehen – vom Nürburg. Die markanten doppelten Stoßstangen waren ebenso wiederzufinden wie die gebogene Lampenstange, auf der zwei riesige Zeiss-Scheinwerfer thronten. Durch größere Überhänge, besonders an dem zu einem integrierten Kofferraum ausgestalteten Heck, stieg die Fahrzeuglänge auf 565 Zentimeter.

Im Jahre 1935 wurde in den W 24 anstelle der Fünfliter-Maschine das aufgeladene 5,4-Liter-Triebwerk des antizipierten 540 K eingebaut, der sein offizielles Debüt noch ein Jahr vor sich hatte. Die gesteigerte Leistung wurde dringend benötigt, da sich einige spezielle Baumuster in Arbeit befanden: Der Natur totalitärer Systeme entsprechend hatte auch das Berliner Regime Veranlassung, über die Sicherheit der Parteielite bei öffentlichem Auftreten nachzudenken. So fanden 1935 drei von Daimler-Benz als Versuchsfahrzeuge klassifizierte Wagen, die den Titel »540 K/Gepanzerte Sonderausführung« trugen, ihren Weg nach Berlin zur Adjutantur des »Führers«. Diese F-Cabriolets auf der

Basis des W 24 verfügten über eine Karosseriepanzerung aus Vier-Millimeter-Spezialstahlblech, über 25 Millimeter dicke, schußfeste Schichtglasscheiben, über verstärkte Stahlblechfelgen und – als bemerkenswertes Novum – über beschußsichere Zellenreifen mit je zwanzig Luftkammern.
In den Jahren 1934 und 1935 wurden immerhin 78 Wagen der Reihe W 24 fertiggestellt. Über einen Verbleib dieser Fahrzeuge, die indessen stückzahlmäßig an den letzten Großen Mercedes der Type 770/W 150 heranreichten, ist nichts bekannt. Die im Werk verbliebenen Versuchsträger dürften den Weg aller Prototypen gegangen und verschrottet worden sein. Da über eine Rücklieferung der bei der Polit-Prominenz Dienst tuenden Wagen nichts verlautete, ist es ohne weiteres denkbar, daß der eine oder andere W 24 als Kriegsbeute der Alliierten jenseits des Atlantiks oder in den Weiten des Ostens verschwand.

Modell	500 (W 24)	540 K (W 24)
Produktionszeit	1934/35	1935
Motor	M 24 Reihen-Achtzylinder M 24 II	M 24 Reihen-Achtzylinder M 24 II
Bohrung/Hub/ccm	86 × 108/5019 ccm	88 × 111/5401 ccm
Verdichtung	5,5:1	5,18:1
Leistung	100 PS bei 3400 U/min	115/180 PS bei 3400 U/min
Ventile, Steuerung	ohv, 1 seitl. Nockenwelle	ohv, 1 seitl. Nockenwelle
Schmierung	Druckumlauf	Druckumlauf
Kühlung	Wasser, Kreiselpumpe	Wasser, Kreiselpumpe
Vergaser	1 Doppelsteigstrom Mercedes	1 Doppelsteigstrom Mercedes + Kompressor
Elektrik	12 Volt 60 Ah	12 Volt 60 Ah
Kupplung	Einscheiben-Trockenkupplung	Einscheiben-Trockenkupplung
Getriebe	4-Gang m. Schnellgang	4-Gang
Lenkung	Schraubenlenkung	Schraubenlenkung
Fußbremse	hydraul. Ate-Lockheed, Trommeln, Dewandre-Servo	
Handbremse	mechan. Hinterräder	mechan. Hinterräder
Chassis	Preßstahlrahmen mit U-Profil	Preßstahlrahmen mit U-Profil
Radstand; Spur v/h	3670, 1535/1547 mm	3670, 1535/1547 mm
Gesamtabmessungen	5650 × 1782 × 1650 mm	5650 × 1782 × 1650 mm
Bereifung	7.50 – 17	7.50 – 17 Zellenreifen
Tankinhalt	110 Liter	115 Liter
Leergewicht	2380 kg	2600 kg
Höchstgeschwindigkeit	142 km/h	170 km/h
Stückzahlen	75	3
Preise	kein freier Verkauf	kein freier Verkauf

Rechts: Draufsicht auf das Fahrgestell des W 24/540 K.

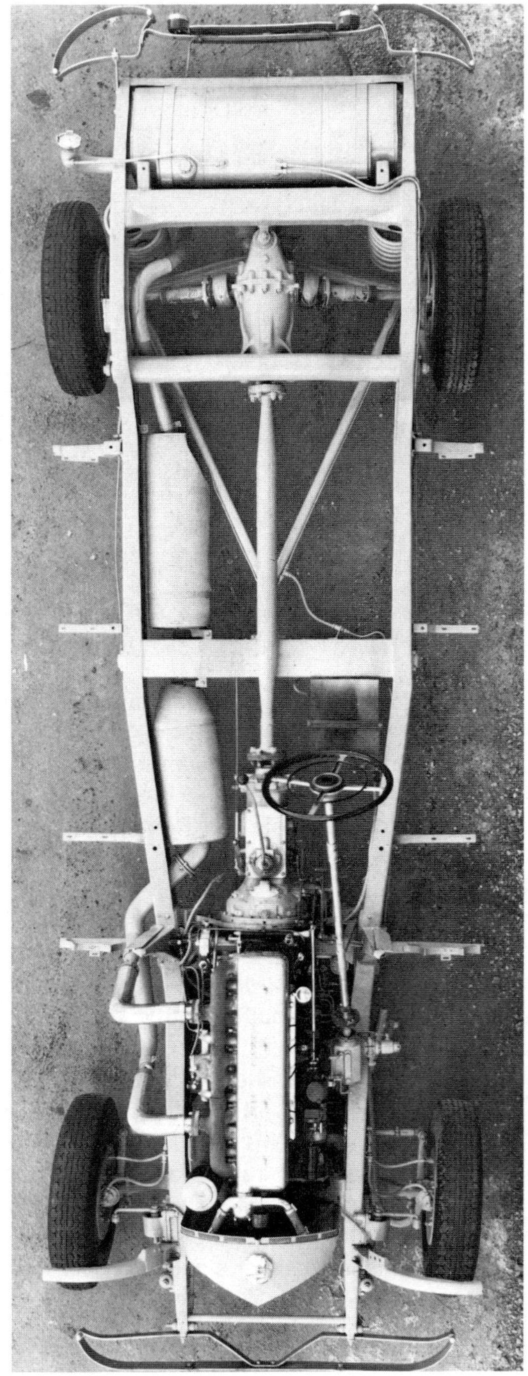

Gegenüberliegende Seite: Mercedes 770 (W 150) als Cabriolet F.

Der »Große Mercedes« in seiner Neuauflage stellte eigentlich einen Hauch von Anachronismus dar. Und er war keineswegs nur ein »Führerwagen«:

Mercedes-Benz 770 W150

Bei der IAMA im Februar 1938 in Berlin feierte der Nachfolger des technisch schon stark angestaubten Großen Mercedes (W 07) seine Premiere. An einem teilweise aufgeschnittenen Chassis und Triebwerk wurde dem Publikum konstruktive Avantgarde ohnegleichen demonstriert. Der ebenfalls als 770 bezifferte Wagen – das Suffix »K« wurde auch diesem Modell nachträglich angedichtet – stellte in weiten Bereichen eine Neukonstruktion dar, die unter der Leitung von Max Sailer erfolgte. Lediglich das Triebwerk war im Prinzip beibehalten worden, wies aber dennoch eine Vielzahl von Modifikationen auf, die einen neuen Motorencode – M 150 – rechtfertigten.
Der ohv-Reihenachtzylinder besaß nun ein vollständig aus Leichtmetall gefertigtes Kurbelgehäuse. Natriumgekühlte Auslaßventile dienten einer probaten Wärmeableitung. Die Doppelzündung mit zwei Kerzen pro Zylinder war fast unverändert übernommen worden: Der Magnet und der Verteiler der Batteriezündung bildeten ein gemeinsames Bauteil, das von der Achse der Lichtmaschine, also indirekt von der Nokkenwelle, getrieben wurde. Neu war die automatische Zündverstellung. Die Wasserpumpe wurde zunächst konventionell durch einen Keilriemen, bald aber starr von der Ölpumpenwelle bewegt. Nach wie vor stellten drei Zahnradölpumpen eine wirkungsvolle Druckschmierung sicher. Die 7,7-Liter-Motoren präsentierten sich in einem liebevollen Finish: Der Grauguß-Zylinderblock und die Gehäuse der Aggregate waren schwarz emailliert, Blankteile wie Messingleitungen und der sechsflügelige Ventilator waren verchromt. Die Leichtmetallelemente wurden im Hammerschlageffekt poliert.
Vor dem Steigstromvergaser aus Daimler-Benz-Fertigung, der über eine Hochdruck-Kolbenpumpe mit Kraftstoff versorgt wurde, war der gegenüber dem alten 770 in der Effizienz verbesserte Kompressor in

Rechts: Mercedes W 150 Pullman-Limousine von 1938.
Unten: Gepanzertes Cabriolet F der Baureihe W 150, das heute in einem französischen Automobilmuseum steht.

Druckanordnung plaziert. Der Lader wurde in üblicher Weise mit dem Gaspedal zugeschaltet und steigerte die Motorleistung um annähernd 50 Prozent: Während die Maschine im Saugbetrieb 155 PS abgab, standen mit dem Gebläse bei 3200 U/min 230 kräftige Pferde zur Verfügung.
Das vollsynchronisierte Vierganggetriebe wurde durch einen mit dem Achsantrieb gekoppelten Ferngang ergänzt. Dieses Reduktionsgetriebe konnte allen Fahrgängen zugeschaltet werden. Im Jahre 1939 wurde diese komplizierte Anordnung aufgegeben und ein Fünfganggetriebe mit Druckschmierung durch eine Ölpumpe eingeführt. Der oberste Gang war als Schnellgang untersetzt, die erste Fahrstufe entbehrte nun einer Synchronisation.
Bemerkenswerteste Neuerung war zweifelsfrei der verwindungssteife, aus starkwandigen Rohren ovalen Querschnitts zusammengeschweißte Chassisrahmen. Anders als beim 170 V oder beim 230/W 153 war dieses Gerüst leiterartig und nicht in X-Form ausgebildet. Sechs zylindrische Traversen verbanden die Längsträger miteinander.
Während die unabhängige Vorderradaufhängung mit im Parallelogramm angeordneten A-Armen und Schraubenfedern im Prinzip der des 540 K entsprach, stellte die hintere De-Dion-Achse – im 770 erstmals der Öffentlichkeit vor Augen geführt – offiziell eine Novität dar. Diese in der zeitgenössischen Fachliteratur als »Doppelgelenkachse« und vom Werk als »seitenstabile Parallelradachse« bezeichnete Lösung war im Grunde nichts anderes als die vom W 24 übernommene Hinterradaufhängung. Die Spur des sturzkonstanten Systems war allerdings beträchtlich verbreitert worden. Das Antriebsgehäuse war in drei Punkten an der vorletzten Traverse in Gummi aufgehängt. Das V-förmige Stabilisierungsgestänge war wie beim W 24 mit einer Ge-

lenkscheibe am mittleren Querrohr angelenkt. Ab 1939 stützte sich die Hinterachse durch ein zweites Spiralfederpaar ab.
Die hydraulischen, in ihrer Betätigung saugluftunterstützten Bremsen erwiesen sich auch angesichts des immensen Wagengewichts als ungeheuer wirksam. An jedem Rad befanden sich zwei Bremszylinder, die je eine der selbstnachstellenden, auflaufend angeordneten Backen gesondert bedienten. Die riesigen Trommeln waren der Wärmeableitung halber mit Längsrippen versehen. Die Schraubenspindellenkung entsprach der bei den übrigen Modellen üblichen Bauart.
Für den W 150 waren zunächst nur vier Serienaufbauten vorgesehen: Pullman-Limousine mit Trennscheibe, offener Tourenwagen, Cabriolet D und Cabriolet F. Letztere Version wurde auch als Pullman- oder Transformationscabriolet bezeichnet. Das Verdeck ließ sich wahlweise ganz oder nur bis zur Trennscheibe hinter dem Führersitz, der dann in Coupé-de-Ville-Manier offenblieb, öffnen. Die sechsfenstrige Pullman-Limousine wurde 1940 durch eine Innenlenker-Limousine mit vier Seitenfenstern und einem grazileren Heckabschluß im Stile des

Oben: 770 Cabriolet F, gepanzerte Sonderausführung aus dem Jahre 1939 mit kugelsicheren Mehrkammer-Reifen.

Links: W 150 Pullman-Limousine, heute im Besitz eines Liebhabers in der Sowjetunion.

Rechts: Der Große Mercedes 770 als verschwenderisch eingekleidetes Cabrio B. Gegenüberliegende Seite, oben: Kühlerfront des gleichen Wagens. Darunter: 770 mit kriegstauglicher Beleuchtungseinrichtung.

W 153 bzw. des 170 S ergänzt. Auch im Falle des 770 stand das Karosseriewerk Sindelfingen Sonderwünschen nicht ablehnend gegenüber – sogar ein zweitüriges Cabriolet B entstand auf dem außerordentlich langen Chassis. Darüber hinaus wurden die ausschließlich auf Bestellung gebauten Großen Mercedes stets nach dem Gusto des jeweiligen Auftraggebers ausgestattet, so daß das Interieur eines Wagens kaum mit dem eines anderen identisch war.

Während die 1938 vorgestellte Ausführung noch ein schlichtes Blecharmaturenbrett zur Schau trug, wurde der zentrale Instrumententräger – der einen bis 200 km/h kalibrierten Tachometer, Tourenzähler, Kühlwasserthermometer, Tankanzeige, Ölmanometer und Zeituhr nebst den meisten Bedienungselementen umfaßte – ab 1939 in massive Edelholztäfelung eingebettet. Daß bei einigen der Führung des Reiches gelieferten Wagen deutsche Eiche zur Verwendung gelangte, ist wohl nicht verwunderlich.

1938 waren in der Lenkradnabe, die auch den Signalring trug, Bedienungshebel für Zündverstellung, Klappwinker und den mit dem Achsantrieb verblockten Schnellgang angeordnet. Ab dem darauffolgenden Jahr wurde der Schongang auf herkömmliche Weise mit dem Mittelschalthebel eingelegt. Nun war auch in der Mitte der Instrumententafel eine Einbauöffnung für den Telefunken-Autosuper vorgesehen. Vorher mußte das Radio im Handschuhfach versteckt werden. Die 1938 noch gebräuchliche Stockhandbremse, die rechts vom Getriebetunnel plaziert war, wich 1939 einer Krückstockbetätigung der Feststellbremse unter dem Armaturenbrett.

Die meisten Tourer und F-Cabriolets dienten als Paradewagen der großdeutschen Parteielite und befreundeter Staaten. Die Ausstattung dieser Autos trug daher dem Einsatzzweck Rechnung: Die Beifahrersitze waren umzuklappen und gaben dabei eine elf Zentimeter hohe Plattform frei, von der aus die Obrigkeit dem Volke ihre Herrlichkeit in voller Lebensgröße zeigen konnte. Standartenstangen, Waffenhalterungen und diverse Signaleinrichtungen zählten zur weiteren Ausstattung dieser Staatswagen. Manche von ihnen wiesen eine gepanzerte Karosserie auf, die nicht nur der sogenannten »Staatskarosse« W 150 II vorbehalten war.

Gegenüber seinem Vorgänger W 07 hatte der neu aufgelegte 770 stark an Länge und Breite zugenommen. Bei einem um 13 Zentimeter gestreckten Radstand war die Gesamtlänge um 40 Zentimeter auf genau sechs Meter und die Wagenbreite im Verhältnis noch stärker um 23 Zentimeter auf deutlich über zwei Meter angewachsen. Damit hatte sich der 770 zu einem Koloß entwickelt, der in puncto Dimensionierung so gut wie konkurrenzlos dastand. Kein Wunder, daß er nach dem Umsturz zur Inkarnation der Gigantomanie des Dritten Reiches erklärt wurde.

Über Geschmack läßt sich bekanntlich streiten – aber die Proportionierung des massiven Wagens war weniger gut gelungen als beim Vorgänger. Die typische Mercedes-Linie, nach der auch dieses Top-Modell skulptiert war, wirkte hier schwülstig und durch ihre augenscheinliche Masse erdrückend. Die vierfenstrigen Ausführungen erschienen – bei unverändertem Radstand – optisch erheblich leichter und harmonisch ausgewogen.

Trotz der kleinen Serie war der W 150 auch äußerlich einigen Detailänderungen ausgesetzt: 1938 wies er noch doppelte Stoßstangen à la 500 auf, ein Jahr später wurden daraus massive, einteilige Stoßfänger

mit einer dicken Gummiauflage und je zwei Hörnern, die aber 1940 wieder verschwanden. Der als stilistisches Relikt vom Vorgänger übernommene gebogene Lampenbügel, der in seiner Mitte einen Breitstrahler trug, entfiel Anfang 1939. Der Wabenkühler stand nun wieder fast senkrecht, war aber nach wie vor aggressiv zugespitzt.
Die vom Werk angegebene Höchstgeschwindigkeit von 170 km/h wurde nicht durch unabhängige Tests belegt, erscheint aber realistisch. Dagegen dürfte der werksseitig genannte Kraftstoffverbrauch von 30 Liter für 100 Kilometer zu niedrig gegriffen sein, wenn man das Betriebsgewicht von mehr als 3,5 Tonnen und den beachtlichen Hubraum in Relation dazu setzt. Immerhin trug man einem gierigen Konsum durch einen Tankinhalt von 195 Liter Rechnung.
Nicht nur die Reichsregierung und die Parteispitze, auch militärische Dienststellen und diplomatische Vertretungen durften sich eines 770/W 150 erfreuen. So standen derartige Fahrzeuge z. B. der deutschen Botschaft in Rom und der Kommandantur Paris zur Verfügung. Der deutsche Militärbefehlshaber in Norwegen, Generaloberst von Falkenhorst, erhielt im November 1940 einen von ihm bestellten Tourenwagen, der laut Überlieferung ein Privatfahrzeug darstellte. Nach der Räumung Norwegens blieb das Fahrzeug im Lande und kam im Dienste des Königshauses bis 1966 zu höchsten Ehren. Auch zwei gepanzerte Innenlenker überlebten zumindest den Krieg in Norwegen: Es handelte sich dabei um Wagen, die die deutsche Führung der norwegischen Regierung unter Terboven und Quisling während der deutschen Besetzung zur Verfügung gestellt hatte. Marschall von Mannerheim, finnischer Oberbefehlshaber, erhielt im November 1941 ein gepanzertes F-Cabrio als »Geschenkwagen von der Adjutantur des Führers« zum 75. Geburtstag. Dieses Auto gelangte nach 1945 über Schweden in die USA. Auch Josef Stalin wurde von Hitler mit einem 770 Pullman bedacht. Dieser Wagen existiert noch heute in der Sowjetunion als Sammlerstück. Die Staatschefs von Spanien und Portugal, Franco und Salazar, wurden ebenfalls im 770 chauffiert – der portugiesische Diktator bis 1956.
Wie sein Vorgänger war der W 150 Bestandteil des Daimler-Benz-Verkaufsprogramms und konnte somit theoretisch auch von Privatleuten erworben werden. Daß dies nur in sehr beschränktem Maße geschah, lag nicht – wie verschiedentlich behauptet – an einem Exklusivrecht der Reichsführung, sondern an der Preisbarriere: Mit einem Richtpreis von 45 000 Mark für die Pullman-Limousine – die endgültige Kalkulation hing von Art und Umfang der Ausstattung ab – war der 770 so teuer wie ein Dutzend 170 V Zweitürer oder zwei 540 K. Nie zuvor war der Abstand zwischen den gutbürgerlichen Mercedes-Typen und dem Spitzenmodell so kraß gewesen; die Diskrepanz zwischen den Extremen des Programms sollte auch später nie mehr so ausgeprägt in Erscheinung treten. Ein Drittel des Kaufpreises war übrigens bei der Auftragserteilung anzuzahlen. Die Lieferzeit betrug sieben Monate – schließlich wurde der Wagen nur auf Bestellung gebaut, seine Fertigung erfolgte zu einem beträchtlichen Teil in reiner Handarbeit in einer besonderen Abteilung des Sindelfinger Werkes. Vergleichbar mit dem 770 war allenfalls ein einziges weiteres Automobil auf Erden: der Phantom IV von Rolls-Royce.
Es nimmt nicht wunder, daß der Große Mercedes der zweiten Serie nur selten seinen Weg in privatere Sphären fand. Im Mai 1939 wurde

Linke Reihe: Die üppige Ausstattung des 770 Cabriolet D, Ausführung 1939. Rechts: Interieur der Pullman-Limousine im Jahre 1939. Gegenüberliegende Seite: 770 Cabriolet F, 1939. Der Fahrersitz kann selbstverständlich ebenfalls überdacht werden.

beispielsweise eine Pullman-Limousine an einen schwedischen Industriellen ausgeliefert. Auch ein deutscher Adliger soll einen 770 erhalten haben. Man darf nicht vergessen, daß der Krieg bald jeglichen in Frage kommenden zivilen Absatz des 770 zum Erliegen brachte.
Parallel zum regulären 770 wurde in winziger Stückzahl – mehr als fünf Exemplare dürften kaum entstanden sein – eine stark gepanzerte Staatskarosse als Cabriolet F hergestellt, die ausschließlich der Reichskanzlei zur Verfügung stand und dem zu Beginn des Krieges gesteigerten Sicherheitsbedürfnis der Berliner Machthaber gerecht wurde. Das Chassis dieser rollenden Festung bestand aus Panzerstahlrohren. Die Karosserie war mit 18-Millimeter-Panzerstahlplatten armiert, die – wie ein an der Heimatfront in die Schußlinie geratener W 150 II bewies – nicht allen Geschoßkalibern von Maschinenwaffen gewachsen waren. Die Fenster bestanden rundum aus 40 Millimeter dickem Panzerglas. Die Felgen waren aus Panzerstahl gepreßt, dadurch konnten die beiden seitlichen Ersatzräder als Schutzschilde für Motor- und Führerraum fungieren. Die Türen waren mit elektromagnetischen Schlössern gegen gewaltsames Öffnen gesichert. Wie der W 24 besaß der W 150 II beschußsichere Zellenreifen mit je zwanzig Luftkammern. Der rückwärtige Teil des Verdecks wurde durch ein hinter die Rücksitzlehne versenkbares Panzerschild gesichert, das

auch bei offenem Wagen in Stellung gebracht werden konnte. Verwundbar war dieses Fahrzeug praktisch nur von oben.
Um das horrend gestiegene Gewicht wenigstens teilweise auszugleichen, hatte man die Kotflügel aus Leichtmetall gefertigt. Dennoch brachte der W 150 II fahrfertig fast fünf Tonnen auf die Waage und stieß damit in den Bereich ausgewachsener Lastwagen vor.
Zur Kompensation der ungeheueren Masse dieses eigentlichen »Führerwagens« mußte das Triebwerk einer Radikalkur unterzogen werden. Ein neuer Zylinderkopf mit je zwei Einlaß- und Auslaßventilen pro Zylinder und einem dementsprechend komplizierten Steuermechanismus ermöglichte eine intensivere Beatmung, an der sich auch nunmehr zwei der Spezial-Doppelsteigstromvergaser beteiligten. Auch die Aufladung wurde modifiziert.
Mit einer auf 1:7,2 erhöhten Verdichtung leistete die solcherart getunte Maschine ohne Kompressorzuschaltung bei 3200 U/min nun 160 PS. Bei Laderbetrieb standen aber laut Werkangabe satte 400 PS zur Verfügung, die eine Drehzahl von 3600 U/min erforderten. Die spezifische Leistung war damit sprunghaft von 30 auf 52 PS/Liter angestiegen und lag damit auf einem Niveau, das erst lange Jahre nach dem Krieg wieder erreicht werden sollte.
Die brutale Kraft wurde über eine Zweischeiben-Trockenkupplung und das unmodifizierte Getriebe auf die De-Dion-Achse übertragen. Das Fahrwerk war – ebenso wie die Linienführung des Aufbaus und das Erscheinungsbild – unverändert geblieben.
Um den vom Werk als »Gepanzerte Sonderausführung« bezeichneten W 150 II rankten sich Legenden und Dichtungen. Eine Höchstge-

schwindigkeit von 230 km/h, wie vielerorts zu lesen, korrespondiert schlecht mit dem Leistungsgewicht. Die 200 km/h Maximum, die ein anderer Chronist wissen will, erscheinen glaubhafter, aber die Werkangabe von 180 km/h dürfte der Realität am nächsten kommen. Andererseits ist der von Daimler-Benz im Typenblatt genannte Kraftstoffverbrauch von 38 Liter für 100 Kilometer wohl untertrieben.
In den Jahren 1938 bis 1943 entstanden 88 Wagen des Großen Mercedes in Neuauflage und seines kugelsicheren Schwestertyps. Allein 1939 verließen 44 Exemplare das Werk. Nach Kriegsausbruch sackte die Produktion auf je eine Einheit in den Jahren 1940 und 1941 ab, um dann aber 1942 und 1943 paradoxerweise wieder auf zehn bzw. 19 Stück anzuwachsen. Gerade in jener unseligen Epoche verkörperte der 770 in besetzten Ländern unfreiwillig das Fluidum der selbsternannten Herrenrasse und dokumentierte den Größenwahn seiner Passagiere.

Oben: Armaturenbrett und Vollsynchron-Getriebe der Ausführung 1938 des 770. Ganz oben: Rohrrahmen-Chassis der letzten Ausführung des 770.

Gegenüberliegende Seite: So hätte das Cabrio A des 600 K Sport wohl ausgesehen – der hier abgebildete Wagen ist lediglich ein Holzmodell im Maßstab 1:10.

Modell	770 (W 150)	770 (W 150 II)
Produktionszeit	1938 – 1943	1938 – 1943
Motor	Reihen-Achtzylinder M 150/M 150 II	Reihen-Achtzylinder M 150/M 150 II
Bohrung/Hub/ccm	95 × 135; 7655 ccm	95 × 135; 7655 ccm
Verdichtung	6,1:1	7,2:1
Leistung	145/230 PS/bei 3200 U/min	160/400 PS bei 3600 U/min
Ventile, Steuerung	ohv, 1 seitl. Nockenwelle	ohv, 1 seitl. Nockenwelle
Schmierung	Druckumlauf	Druckumlauf
Kühlung	Wasser, Pumpe	Wasser, Pumpe
Vergaser	1 Mercedes Doppelsteigstrom + 1 Kompr.	2 Doppelsteigstrom + 2 Kompressoren
Elektrik	12 Volt 75 Ah	12 Volt 100 Ah
Kupplung	Einscheiben-Trockenkuppl.	Zweischeiben-Trockenkuppl.
Getriebe	5-Gang m. Schnellgang	5-Gang m. Schnellgang
Lenkung	Schraubenspindel	Schraubenspindel
Fußbremse	hydraul., Trommeln, Servo	hydraul., Trommeln, Servo
Handbremse	mechan., Hinterräder	mechan., Hinterräder
Chassis	Ovalrohrrahmen	Ovalrohrrahmen
Radstand, Spur v/h	3880, 1600/1650 mm	3880, 1600/1650 mm
Gesamtabmessungen	6000 × 2070 × 1800 mm	6000 × 2070 × 1800 mm
Bereifung	8,25 – 17	8,25 – 17
Tankinhalt	195 Liter	300 Liter
Leergewicht	3600 kg (Pullm.-Lim.)	4780 kg
Höchstgeschwindigkeit	170 km/h	180–200 km/h
Stückzahlen	83	5
Preise	RM 45 000	kein freier Verkauf

Schon vor dem Kriege gab es einige Versuchswagen mit V 12-Motor, über die später so manches Gerücht in Umlauf kam:

Mercedes-Benz 600 V / 600 K

Verborgen vor der Öffentlichkeit vollzog sich bei Daimler-Benz die Entwicklung einer neuen Generation von Automobilen der Spitzenklasse. Die Modellreihe 600 war dazu auserkoren, eines Tages sowohl die Luxussportwagen 540/580 K als auch den Repräsentationswagen 770 abzulösen. Wenn auch namhafte Historiker behaupten, der 600 wäre niemals realisiert worden – 31 Versuchswagen, die teilweise sogar an die Politprominenz ausgeliefert wurden, beweisen das Gegenteil.

Während Chassis und Fahrwerk im wesentlichen dem Typ 770 entstammten und auch die Karosserien zum Teil vom Großen Mercedes entlehnt wurden, war das Triebwerk eine bemerkenswerte Neuschöpfung, der allerdings wegen der strikten Geheimhaltung eine Würdigung in der Fachpresse versagt bleiben mußte. Es handelte sich dabei um einen ohv-Zwölfzylinder in V-Form. Nach Maybach und Horch war Daimler-Benz das dritte deutsche Unternehmen, das einen V 12-Motor zur Serienreife entwickelte. Mit dem Baumuster M 148 verfügten die Untertürkheimer sogar über den leistungsfähigsten Vertreter seiner Gattung. Das alles mußte aber Hypothese bleiben, denn der Mercedes 600 konnte seine Karriere wegen der Zeitläufte gar nicht erst antreten.

Für den schwäbischen Konzern war die Beschäftigung mit V 12-Aggregaten durchaus kein Novum. Bereits der Benz-Flugmotor Bz VI aus dem Jahre 1917 war ein Zwölfzylinder, dessen Zylinderblöcke in einem Winkel von 60 Grad standen. 1934 wurde mit dem DB 600 (M 74) eine lange Reihe von berühmten V 12-Flugmotoren begonnen. Auch Rennmotoren mit dieser Zylinderanordnung waren bereits in Untertürkheim entstanden: Der legendäre DAB von 1935/36 mit 5,6 Liter Hubraum war als Grand-Prix-Motor geplant worden, fand aber dann bei Rekordfahrten Verwendung. Für die Dreiliter-Formel wurde 1937/38

600 K Sport-Roadster, ebenfalls ein detailgetreues Modell.

schließlich der M 154 geschaffen, ebenfalls ein 60-Grad-V 12-Motor. Den Sechsliter-Motor hatte man in zwei Versionen geplant: als Saugtriebwerk M 148 mit 170 PS und als Kompressormotor M 157 mit 155 PS unaufgeladen und 230 PS mit zugeschaltetem Lader. Bei beiden Triebwerken waren die Zylinder in einem Winkel von 80 Grad angeordnet. Kurbelgehäuse und Zylinderblöcke bestanden aus Leichtmetall. Dadurch war der V 12 um 390 Kilogramm leichter als das fast eine Tonne wiegende 7,7-Liter-Aggregat des W 150. Der Hubraum war mit 6020 ccm nicht übertrieben groß. Hohe Leistungen waren längst nicht mehr ausschließlich über gigantische Volumina zu erzielen – der M 157 konnte bis 4000 U/min gedreht werden. Die kurze Kurbelwelle lief in vier Weißmetall-Gleitlagern. Während der zahmere M 148 eine Kerze pro Zylinder aufwies, war der M 157 mit einer Batterie- und Magnet-Doppelzündung à la 770 ausgerüstet.

Es gab zwei Baureihen des 600, von denen wieder mehrere Radstandsvarianten vorgesehen waren. Der 600 V mit Saugmotor (W 148) – das Suffix »V« stand wohl für die Zylinderanordnung – war in einer Normalversion und einer Ausführung »lang« geplant. Das Normalfahrgestell mit 3415 mm Radstand sollte als Innenlenker mit je drei Seitenfenstern, als Cabriolet B und als Cabriolet C karossiert werden. Das Langchassis mit einem Achsabstand von 3780 mm war ausschließlich für eine Pullman-Limousine mit fließender Linienführung reserviert. In den Jahren 1937 und 1938 wurden acht Versuchsexemplare gebaut, über deren Schicksal nichts bekannt ist. Die Planungen blieben aber bis 1940 im Gange – im April jenes Jahres wurde der Firmenleitung die

gesamte Palette der Varianten in Form von Holzmodellen im Maßstab 1:5 präsentiert. 1944/45 wäre der 600 V serienreif gewesen.
Die Kompressorbaureihe 600 K (W 157) war in ihrer Entwicklung schon weiter gediehen. Die Normalversion war mit der des 600 V identisch. Dazu kam die »Staatskarosse« mit einem Radstand von 3880 mm, die äußerlich bis auf die Luftschlitze auf der Oberseite der Motorhaube und vier Belüftungsklappen vor der Windschutzscheibe voll und ganz dem W 150 entsprach und auch mit den gleichen Aufbauformen versehen wurde. Hitler erhielt einen Tourenwagen, Göring zwei Cabriolets D, und eine Pullman-Limousine stand der Reichskanzlei für offizielle Anlässe zur Verfügung. Alle diese Wagen wiesen eine Panzerung auf. Insgesamt wurden in den Jahren 1938 bis 1942 18 Wagen vom Baumuster W 157 gebaut.
Schließlich gab es vom 600 K noch eine Sportversion (W 157 II) mit einem Radstand von 3340 mm, die man wohl als zukünftige Ablösung für den 540 K im Auge hatte, wobei der 580 K entweder die Rolle eines Interimmodells gespielt oder aber mit seinem kurzen Radstand die sportliche Ergänzung nach unten hin dargestellt hätte. Der 600 K Sport sollte als Roadster, als Cabriolet A, Cabriolet B und als Coupé eingekleidet werden. Die 200 km/h-Marke hätte dieses Auto sicher überschritten – vielleicht hat es auch: Die fünf gefertigten Prototypen dieser Nebenlinie liefen noch 1942 im Versuch.
So entstand vom 600 letzten Endes doch eine beachtliche Stückzahl. Ein Wagen soll angeblich in Nordamerika überlebt haben, ein 600 K mit langem Radstand und somit offensichtlich eines der nach Berlin gelieferten Fahrzeuge. Erst im Jahre 1963 sollte wieder ein Mercedes mit dieser Ziffernfolge von sich reden machen und zum Superlativ im internationalen Automobilbau werden.

Weitere projektierte Versionen der Zwölfzylinder-Baureihe. Von oben nach unten: 600 K (W 157) Sport-Coupé, 600 V (W 148) Innenlenker und 600 V Cabriolet B.

Modell	600 V (W 148)	600 K (W 157)
Produktionszeit	1937/38	1938 – 1942
Motor	V-Zwölfzylinder (80°) M 148	V-Zwölfzylinder (80°) M 148
Bohrung/Hub/ccm	82 × 95; 6020 ccm	82 × 95; 6020 ccm
Verdichtung	6,0:1	6,3:1
Leistung	170 PS bei 3500 U/min	155/230 PS bei 3600 U/min
Ventile, Steuerung	ohv, 1 zentrale Nockenwelle	ohv, 1 zentrale Nockenwelle
Schmierung	Druckumlauf	Druckumlauf
Kühlung	Wasser, Pumpe	Wasser, Pumpe
Vergaser	1 Solex-Doppelfallstrom 32 IFF-PN	1 Solex-Doppelfallstrom 32 IFF1 + Kompressor
Elektrik	12 Volt 100 Ah	12 Volt 100 Ah
Kupplung	Einscheiben-Trockenkupplung	Zweischeiben-Trockenkupplung
Getriebe	5-Gang m. Schnellgang	5-Gang m. Schnellgang
Lenkung	Schraubenspindel ZF-Roß	Schraubenspindel ZF-Roß
Fußbremse	hydraul., Trommeln, Servo	hydraul., Trommeln, Servo
Handbremse	mechan., Hinterräder	mechan., Hinterräder
Chassis	Ovalrohr-Preßstahlrahmen	Ovalrohr-Preßstahlrahmen
Radstand, Spur v/h	3415 o. 3780 mm; 1475/1500 mm	3340 o. 3415 o. 3880 mm 1475/1500 mm
Gesamtabmessungen	5045 × 1790 × 1710 mm	5045 × 1790 × 1710 mm
Bereifung	7.50 – 17	8.25 – 17
Tankinhalt	120 Liter	120 Liter
Leergewicht	1890 kg	1980 kg
Höchstgeschwindigkeit	160 km/h	170 km/h
Stückzahlen	8	23
Preise	kein freier Verkauf	kein freier Verkauf